广东外语外贸大学国际经济贸易研究中心
广东外语外贸大学粤港澳大湾区研究院 |资助出版
广东外语外贸大学经济贸易学院

经·济·学·论·丛

粤港澳大湾区市场一体化演进对经济增长的作用机制

YUEGANG'AO DAWANQU SHICHANG YITIHUA YANJIN DUI JINGJI ZENGZHANG DE ZUOYONG JIZHI

陈昭 胡玲 陈钊泳 林涛——著

知识产权出版社
全国百佳图书出版单位
—北京—

图书在版编目(CIP)数据

粤港澳大湾区市场一体化演进对经济增长的作用机制 / 陈昭等著. —北京：知识产权出版社，2022.8

ISBN 978-7-5130-8273-0

Ⅰ. ①粤… Ⅱ. ①陈… Ⅲ. ①区域经济一体化—研究—广东、香港、澳门 Ⅳ. ①F127.6

中国版本图书馆 CIP 数据核字（2022）第 142800 号

策划编辑：蔡 虹 **责任校对**：潘凤越
责任编辑：张 荣 **责任印制**：孙婷婷
封面设计：张国仓

粤港澳大湾区市场一体化演进对经济增长的作用机制

陈 昭 胡 玲 陈钊泳 林 涛 著

出版发行：知识产权出版社有限责任公司		网 址：http://www.ipph.cn	
社 址：北京市海淀区气象路 50 号院		邮 编：100081	
责编电话：010-82000860 转 8109		责编邮箱：caihongbj@163.com	
发行电话：010-82000860 转 8101/8102		发行传真：010-82000893/82005070/82000270	
印 刷：北京九州迅驰传媒文化有限公司		经 销：新华书店、各大网上书店及相关专业书店	
开 本：720mm×1000mm 1/16		印 张：11.75	
版 次：2022 年 8 月第 1 版		印 次：2022 年 8 月第 1 次印刷	
字 数：150 千字		定 价：69.00 元	

ISBN 978-7-5130-8273-0

前　言

本书从市场一体化与政策协同、市场一体化与经济增长、统一要素的经验与历程三个维度切入，深刻分析了粤港澳大湾区市场一体化演进历程以及对经济增长的作用机制。改革开放 40 多年来，广东省特别是珠三角地区能够引领全国改革开放，实现经济的快速发展与增长，港澳地区发挥了功不可没的作用。研究粤港澳一体化的演进以及对经济增长的作用机制既具有理论意义也具有现实意义。

本书首先从湾区演进的动力机制、发展的优劣势以及国外的湾区建设经验等方面分析了粤港澳大湾区的一体化与政策协同。粤港澳大湾区由珠三角 9 市即广州、深圳、佛山、东莞、中山、珠海、惠州、江门、肇庆和香港、澳门 2 个特别行政区组成。其相继经过了“前店后厂”“服务贸易自由化”和“宏观战略导向”三个阶段，市场一体化已经达到了一定的水平和程度，粤港澳大湾区在市场一体化过程中取得了显著成就，同时也存在不足。粤港澳功能性区域一体化促使三方形成了相辅相成且密不可分的关系，经济发展差距与竞争关系的存在并没有缩小粤港澳的区域合作空间，无论在融资租赁等金融创新、城市管理甚至国际航运等现代服务业的发展方面，粤港澳区域都拥有广阔的合作空间。粤港澳的协同合作进一步加强，经济合作与一体化的实施也进一步朝着宽领域多层次方向推进。但依旧存在着珠三角与港澳城市的融合度不高、缺乏便捷有效的制度环境，粤港澳区域内商品、人员、资金、技术、信息等要素都无法实现自由流动，其交易成本始终居高不下等问题，限制了粤港澳的进一步融合和一体化发展。但优越的地理环境、雄厚的经济实力、完善的配套设施和不断优化的产业结构也促进着一体化的进程。本书进一步通过对比美国旧金山湾区、纽约湾区，东京湾区之间的区别和共同特征，发现基础设施一体化、区域分工协同化、要素流动自由化和营商环境包容化等均是实现湾区经济发展的重要途径，因此本书认为要加强粤港澳大湾区的顶层设计与统一规划、产业分工与合理布局、明确市场机制与行政边界。最后要深化产业分工合作，推动一体化深度融合、发挥制度差异优势，打造市场协同体系、加强基础设施建设，促进要素自由流动、完善协调体制机制，破除政策障碍壁垒以及对接国家战略，建设并利用重大合作平台。

其次，对粤港澳大湾区一体化对经济增长的影响做出阐述。提升市场一体化水平，促进要素自由流动是《深化粤港澳合作推进大湾区建设框架协议》的重要内容之一，对粤港澳大湾区建设具有重要意义。本书通过采用相对价格法测度2000—2016年粤港澳大湾区9市2区的市场一体化水平发现：城市个体从2000年以来，市场一体化水平时高时低，波动性较强，总体呈现上升的趋势，但各城市主体之间的市场一体化程度同时期差异性较小，粤港澳大湾区的一体化指数的变动趋势总体是一个逐渐上升的过程。各城市区域之间市场趋于整合而非分割，局部个别年份存在波动与振荡。9市2区的市场一体化提升幅度由高到低依次是香港、深圳、东莞、江门、珠海、中山、广州、惠州、肇庆、佛山、澳门。并且在粤港澳大湾区，存在比较显著的“省际”边界，港澳与珠三角的融合、合作程度不如珠三角9市内部的一体化程度高。经济地理因素对市场一体化具有显著的作用，地方政府的规划干预和交通基础设施的完善对粤港澳市场一体化具有十分显著的促进作用。粤港澳大湾区对外开放与其市场一体化之间存在显著的非线性关系，呈现出“U形”结构。当城市对外开放度低于59.21%时，对外开放对市场一体化有阻碍作用；当城市对外开放度高于59.21%时，对外开放对市场一体化有促进作用。大湾区城市经济发展水平的差距对粤港澳市场一体化产生了显著的负向作用，同时大湾区市场一体化中存在“制度差异效应”。政治制度的差异对粤港澳市场一体化产生了显著的负向作用，且在政治制度分样本检验下，珠三角9市与港澳2区由于政治制度的差异，各因素对市场一体化的作用也呈现出显著的地区差别，但是市场化的经济制度对粤港澳市场一体化有显著的促进作用。各因素与政治制度、经济制度的交互作用检验结果表明政治、经济制度的差异对粤港澳大湾区市场一体化不仅具有直接效应，而且可以通过各市场一体化的影响因素作用于大湾区，具有间接效应。本书在经过剔除可能存在的内生性和外生冲击事件影响后，研究结果依然稳健。并根据研究结果认为要充分发挥各级政府的统领作用，各地区经济发展与生态环境存在差异，各级政府应统筹兼顾，实施政策措施时因地制宜，推进大湾区城市群的相互融合、协调发展，为经济增长提供核心动力。

最后，总结了粤港澳大湾区的统一要素市场与经验历程，经济全球化带来了资本、劳动和技术等生产要素的跨国界流动，全球经济体系发生了深刻的变化。国际产业逐渐形成了以工序、阶段、环节为对象细分的分工模式，以实现全球资源有效配置，达到整体效益最大化，作为全球要素整合结果的全球价值链应运而生。在此背景下，珠三角地区更需要主动适应和引领，而供给侧结构性改革是党中央提出的适应和引领经济“新常态”的战略任务和政策方向，通过对生产要素投入的管理来优化要素配置和调整生产结构，培育经济持续增长的动力，从而提高经济潜在增长率。通过基于一价定律的相对价格法来估算粤港澳大湾区的市场一体化指数，评估粤港澳大湾区市场一体化对于粤东西北地区经济差距的影响。市场一体化作为一项重要的制度变革，有力地推动了我国经济的快速稳定发展，但是由于各地区经济发展水平等因素的不同，市场一体化也在一定程度上放大了地区之间的经济发展不平衡。通过计量模型对粤港澳市场一体化和粤东西北地区经济差距之间的关系进行实证分析，得到以下主要结论：粤港澳大湾区市场一体化能够缩小粤东西北地区与发达地区的经济差距。因此，第一，应该稳步推进粤港澳大湾区市场一体化进程，建立规范化的更高水平的市场体系；同时畅通粤港澳大湾区和粤东西北地区之间的合作机制，促进跨区域之间的产业链融合。第二，明确城市功能分工，深化城市定位，粤东西北地区依据自身经济发展水平优化产业布局，承接粤港澳大湾区的转移产业，推动粤港澳大湾区和粤东西北地区形成功能错位、优势互补的发展格局。第三，政府需要提高资源配置效率，合理发挥政府“有形之手”的作用，努力发挥发达地区对欠发达地区的扩散效应，在粤东西北地区培育新的经济“增长极”。

本书的出版得到广东外语外贸大学国际经济贸易研究中心、广东外语外贸大学粤港澳大湾区研究院、广东外语外贸大学经济贸易学院的资助，在此一一感谢。

作　者

CONTENTS

目 录

第一章 粤港澳大湾区市场一体化的动力机制

第一节 粤港澳大湾区经济合作历程与一体化现状分析

（一）粤港澳经济合作一体化发展历程

改革开放40多年来，广东省特别是珠三角地区能够引领全国改革开放，实现经济的快速发展与增长，港澳地区发挥了功不可没的作用。粤港澳地区地缘相近、人缘相亲、语言文化同源，合作历史悠久。自改革开放伊始，粤港澳地区有良好的市场、资源及产业互补性（黄晓慧等，2016），在此基础上开展多维度的合作，联系日益加强，并由此推动了区域经济市场一体化进程（张日新等，2017）。粤港澳地区经济合作由来已久，一体化发展历程可以分为三个阶段。

1. 1978—2003年，形成以“前店后厂”为主要形式的制造业垂直分工体系

“前店后厂”是粤港澳合作第一阶段的主要特征。20世纪70年代末，香港制造业由于面临着地价上升、人工成本上涨等成本问题，使得其竞争力和优势不断下降，恰逢中国内陆打开国门，实施改革开放，深圳经济特区的建立开启了粤港澳“前店后厂”的工业合作与地域分工模式，港澳地区制造业的生产环节得

以就近适时北移至广东珠三角地区，在港澳本地留下了交易环节。珠三角地区具有地理位置临近港澳的区位优势和劳动力、土地的低成本优势，同时也凭借着国家政策的支持，先行一步，大量承接港澳转出的制造业。在港澳提供技术和平台的基础上，利用流入广东的廉价劳动力等低成本优势进行产品生产，最终产品通过港澳出口外销，粤港澳三地组成了全球制造业网络中不可分割的加工贸易循环链条。这样粤港澳之间就形成了在制造业领域的“前店后厂”式跨境生产与服务的产业分工体系（封小云，2014）。这种以区位优势互补为基础，以外向型市场为导向，以加入国际产业分工体系，参与全球产业价值链为特征的区域经济合作模式不仅造就了珠三角“世界工厂”的地位，而且也成功实现了香港的经济功能置换，使香港从劳动密集型制造业中心转变成国际金融和商贸服务中心。

2. 2003—2014 年，实现以服务贸易自由化为核心的粤港澳深度合作与创新

进入 2000 年以后，随着香港和澳门的回归以及港澳自由行的开放，同时以中国加入世界贸易组织（WTO）为标志，内地市场进入了全面开放的新时期。此时，粤港澳合作向纵深化发展，突破了单纯的产业合作局限。鉴于粤港澳三方优势产业具有明显的互补性特征，粤港澳在此阶段的合作是以服务业为主，尤其在生产性服务业领域的合作得到不断加强。为加深粤港澳在相关领域的深度合作，中央及粤港澳多方签署了诸多文件，进行制度安排。2003 年，中央政府相继与香港特区政府签署了《内地与香港关于建立更紧密经贸关系的安排》，与澳门特区政府签署了《内地与澳门关于建立更紧密经贸关系的安排》（简称 CEPA）两项制度性文件，此后几年，还陆续签署了 CEPA 的一系列补充协议。2008 年，国务院审议通过了《珠江三角洲地区改革发展规划纲要（2008—2020 年）》，2010 年和 2011 年分别与香港特区政府、澳

门特区政府签订了《粤港合作协议框架》《粤澳合作协议框架》，制定了《横琴总体发展规划》《前海深港现代化服务业合作区总体发展规划》。在诸多政策的安排下，粤港澳合作日趋制度化，粤港澳经济合作也迈入一个新的阶段。广东省则牢牢抓住 CEPA 和服务业开放先行先试契机，推动服务贸易实现自由化、重大合作平台、跨境基建项目等重点建设，粤港服务贸易年均增长 20%。2014 年，广东省政府分别与香港、澳门特区政府签署《内地与香港 CEPA 关于内地在广东与香港基本实现服务贸易自由化的协议》《内地与澳门 CEPA 关于内地在广东与澳门基本实现服务贸易自由化的协议》则标志着粤港澳基本实现了区内服务贸易的自由化，极大地增强了粤港澳三地的发展动力。广东与香港的贸易额从 2003 年的 592.56 亿美元增加至 2018 年的 5916.6 亿美元。到 2016 年，粤港服务贸易进出口额更是突破千亿美元大关。

3. 2014 年至今，基于宏观战略导向的制度创新推动粤港澳全面深度合作

2015 年，立足面向港澳台深度融合的广东自贸区正式成立后，粤港澳的服务贸易和生产服务业因其制度革新而享有更加优越的条件，"一带一路"倡议更是促进了粤港澳之间在航运物流、跨境金融、服务贸易等领域的更深层次合作（林先扬，2017），粤港澳由此在对外开放进程中愈来愈凸显其重要的战略作用。2016 年 2 月，国务院正式批复《广州市城市总体规划（2011—2020 年）》，指出广州要深化与香港、澳门的合作，共建粤港澳深度合作示范区。"十三五"规划明确指出，要充分发挥港澳的独特优势，全力支持港澳参与国家双向开放和"一带一路"建设，加快建设前海、南沙、横琴等粤港澳合作平台。2016 年 3 月，国务院印发《关于深化泛珠三角区域合作的指导意见》，泛珠三角区域合作提升到国家战略性高度，同时明确提出共建粤港澳大湾区，合力打造世界级城市群的要求。2017 年 3 月 5 日，李克强总

理代表国务院在十二届全国人大五次会议上作《政府工作报告》时提出“研究制定粤港澳大湾区城市群发展规划”，7 月 4 日《深化粤港澳合作 推进大湾区建设框架协议》正式签署，标志着粤港澳合作进入世界级湾区经济共建时代，实施以湾区经济为载体高水平参与国际合作。党的十九大报告中也重点强调要以粤港澳大湾区建设、粤港澳合作和泛珠三角区域合作为重点，全面推进内地同香港、澳门互利合作，制定完善便利香港、澳门居民在内地发展的政策措施。新时期背景下，粤港澳三地致力于探索深度合作新机制，共同推进粤港澳大湾区建设，促使粤港澳在更大空间，更广范围，更多元领域深度合作，粤港澳经济合作进入一个全新时代。

（二）粤港澳大湾区市场一体化现状分析

粤港澳大湾区由珠三角 9 市即广州、深圳、佛山、东莞、中山、珠海、惠州、江门、肇庆和香港、澳门 2 个特别行政区组成。粤港澳合作相继经过了“前店后厂”“服务贸易自由化”和“宏观战略导向”三个阶段，市场一体化已经达到了一定的水平和程度，并取得了显著的成就，同时也存在着不足。针对粤港澳大湾区市场一体化分析如下。

1. 粤港澳大湾区商品市场一体化水平测度

（1）方法和数据。

针对地区产品市场一体化的测度方法主要有五类，即经济周期法、生产法、贸易法、调查问卷法和相对价格法。其中，相对价格法通常被视为衡量产品市场一体化的最直接的指标，原因在于商品价格能更为全面综合地反映市场交易活动的信息。目前，相对价格法已广泛用于市场一体化测度文献中，比如赵奇伟等（2009）、龙志和等（2012）、Parsley 等（2001）的文章中。基于此，本书借鉴他们的研究，采用相对价格法测度 2000—2016 年粤港澳大湾区9市2区的市场一体化水平。

具体而言，设第 t 期目标商品 k 在 i，j 两地价格分别为 P_{it}^{k} 和 P_{jt}^{k}；商品价格环比指数为 P_{it}^{k}/P_{it-1}^{k} 和 P_{jt}^{k}/P_{jt-1}^{k}，则商品价格方差为

$$\Delta Q_{ijt}^{k} = \ln(P_{it}^{k}/P_{jt}^{k}) - \ln(P_{it-1}^{k}/P_{jt-1}^{k}) = \ln(P_{it}^{k}/P_{it-1}^{k}) - \ln(P_{jt}^{k}/P_{jt-1}^{k}) \quad (1-1)$$

通过去均值方法剔除 ΔQ_{ijt}^{k} 中由商品异质性导致的不可加效应，最终用以计算方差的相对价格变动部分是仅与地区间分割因素和随机因素相关的 q_{ijt}^{k}，即

$$q_{ijt}^{k} = |\Delta Q_{ijt}^{k}| - |\overline{\Delta Q_{t}^{k}}| \quad (1-2)$$

因此，通过测算 $var(q_{ijt}^{k})$，其计算结果即为地区 i 和 j 之间的市场分割指数，其数值越大，表明市场一体化程度越低；反之则表明市场一体化程度越高。通过将地级市之间的市场分割指数合并求均值以得到每个地级市的市场分割指数，即

$$var(q_{it}) = \frac{1}{N-1}\sum_{i \neq j} var(q_{ijt}) \quad (1-3)$$

N 为地区总个数，在市场分割指数的基础上，借鉴盛斌等（2011）的研究，构造粤港澳大湾区各城市的市场一体化指数（以 MI 表示）如下

$$MI_{it} = \sqrt{1/var(q_{it})} \quad (1-4)$$

可知，市场一体化指数越大，市场一体化水平越高；与此相反，市场一体化指数越小，市场一体化水平越低。通过将所有城市之间的市场一体化指数取均值则得到整个区域的市场一体化指数，即

$$MI_{t} = \frac{1}{N}\sum_{i=1}^{11} MI_{it} \quad (1-5)$$

本研究使用居民消费价格指数（CPI）来测算市场的相对价格方差，选取珠三角地区9个地级市和香港、澳门2000—2016年

的环比价格指数。从数据的完整性、可得性和连续性出发考虑，选取了八大类商品，即食品、烟酒及用品、个人用品、家用设备及维修服务、服装、娱乐教育文化用品及服务、医疗保健和交通通信、居住，数据来源于2001—2017年《广东统计年鉴》和《中国统计年鉴》。

（2）测度结果。

经过数据收集、整理和处理，得到粤港澳大湾区9市2区的商品市场一体化指数（见表1－1），以及市场一体化指数的时间变化趋势（见图1－1）。

表1－1　2000—2016年粤港澳大湾区9市2区的商品市场一体化指数

年份	广州	深圳	珠海	佛山	惠州	东莞	中山	江门	肇庆	香港	澳门
2000	31.33	28.78	32.53	34.36	29.47	27.16	29.24	28.36	26.51	21.67	23.35
2001	27.21	20.09	25.20	24.52	21.44	24.75	19.13	22.85	19.96	14.97	17.74
2002	31.22	34.82	33.07	33.62	26.87	33.34	29.48	32.16	29.74	20.66	26.88
2003	29.91	28.77	31.91	27.75	26.75	21.91	23.50	27.44	24.58	26.42	32.01
2004	30.49	25.42	30.34	24.86	21.78	16.68	24.98	24.93	20.59	25.12	24.54
2005	23.15	22.67	28.30	26.76	21.99	23.02	22.13	22.94	19.10	24.25	24.38
2006	31.70	29.88	33.63	34.32	33.11	31.20	28.84	30.01	28.72	31.88	32.07
2007	24.66	25.91	24.55	23.60	26.04	25.93	24.77	27.63	27.00	15.95	14.21
2008	28.19	26.58	23.18	29.57	30.70	28.51	29.19	32.17	29.85	15.99	16.76
2009	29.71	26.22	25.16	28.46	24.23	25.61	25.20	27.42	25.83	10.95	21.39
2010	49.95	53.68	50.24	51.64	48.60	51.63	45.42	50.96	47.60	40.69	27.09
2011	21.05	21.96	22.18	20.70	19.83	21.45	21.93	22.48	21.30	16.22	10.62
2012	24.13	28.73	26.73	28.02	25.75	25.69	23.10	25.96	26.00	13.93	18.52
2013	36.35	36.60	37.19	38.53	35.81	37.40	39.25	40.01	38.05	17.59	32.19
2014	72.94	91.83	68.59	69.46	60.87	64.85	69.21	65.27	68.04	36.14	63.43
2015	49.66	54.15	40.83	57.20	63.22	55.87	58.45	54.33	46.70	47.58	25.96
2016	54.38	59.22	58.44	51.85	51.49	54.99	52.99	54.81	46.58	52.23	28.79
最大值	72.94	91.83	68.59	69.46	63.22	64.85	69.21	65.27	68.04	52.23	63.43
最小值	21.05	20.09	22.18	20.70	19.83	16.68	19.13	22.48	19.10	10.95	10.62

续表

年份	广州	深圳	珠海	佛山	惠州	东莞	中山	江门	肇庆	香港	澳门
中位数	30.49	28.77	31.91	29.57	26.87	27.16	28.84	28.36	27.00	21.67	24.54
极差	51.89	71.74	46.41	48.76	43.39	48.17	50.08	42.79	48.94	41.28	52.81
标准差	13.77	18.57	13.02	13.78	13.93	14.34	14.63	13.34	13.15	12.28	11.56
首尾差	23.05	30.44	25.91	17.49	22.02	27.83	23.75	26.45	20.07	30.56	5.44

数据来源：根据2001—2017年《广东统计年鉴》《中国统计年鉴》数据计算整理所得。

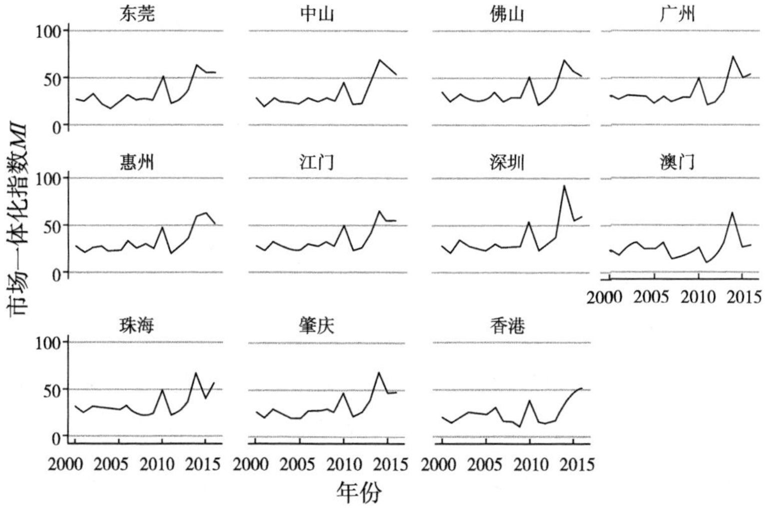

图1-1　2000—2016年粤港澳大湾区9市2区市场一体化指数的变化趋势

在表1-1的基础上，计算历年粤港澳大湾区各城市市场一体化指数的平均值可以得到大湾区整体的市场一体化水平，结果见表1-2。

表1-2　2000—2016年粤港澳大湾区整体的市场一体化指数

年份	*MI*
2000	28.43
2001	21.62
2002	30.17
2003	27.36
2004	24.52

续表

年份	*MI*
2005	23.52
2006	31.40
2007	23.66
2008	26.43
2009	24.56
2010	47.05
2011	19.97
2012	24.23
2013	35.36
2014	66.42
2015	50.36
2016	51.43

（3）结果分析。

综合表1－1和图1－1发现：粤港澳大湾区11个城市个体从2000年以来，市场一体化水平时高时低，波动性较强，但总体呈现上升趋势，尤其2011年以来，各城市一体化提升显著。通过比较粤港澳大湾区11个城市2000—2016年一体化水平的提升程度，发现大湾区11市提升程度由高到低依次是：香港、深圳、东莞、江门、珠海、中山、广州、惠州、肇庆、佛山、澳门。此外，各城市主体之间的市场一体化程度同时期差异性较小。

图1－2是通过计算历年粤港澳大湾区各城市市场一体化指数的平均值得到的大湾区整体的一体化水平，可以判断出：2000—2016年，粤港澳大湾区整体的市场一体化指数的变动趋势总体是一个逐渐上升的过程，即大湾区的商品市场的一体化程度越来越高，各城市区域之间市场趋于整合而非分割，但局部个别年份存在波动与振荡。2010年以前粤港澳大湾区一体化水平较低，且提升缓慢，时高时低；2010年之后，粤港澳大湾区市场一

体化提升很快，尤其2012年之后，市场一体化提升到较高水平。

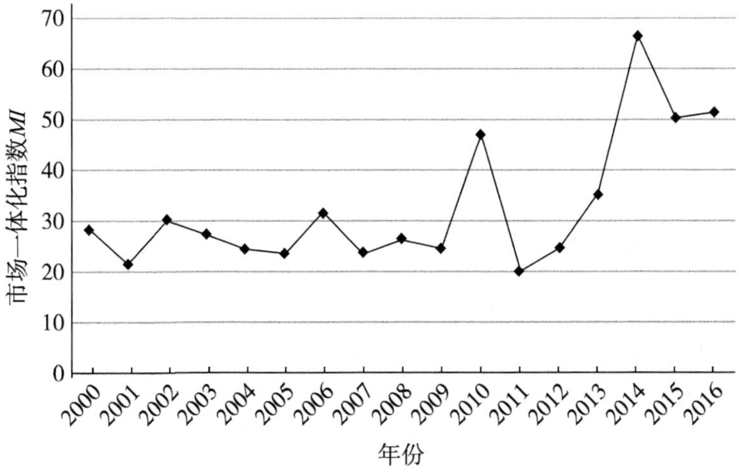

图1－2　2000—2016年粤港澳大湾区整体的市场一体化指数变化趋势

2. 粤港澳大湾区要素市场一体化分析

（1）劳动力市场。

自2003年实施CEPA，特别是《粤港合作框架协议》与《粤澳合作框架协议》等规划实施以来，以养老、医疗、失业、工伤等社会保险为基础的社会保障体系逐渐在珠三角地区建立，近年来政府采取了一些措施对户籍制度进行了改革，使得劳动力市场一体化程度有所提高。虽然建立起社保体系，但一些制度性障碍的存在与劳动力就业、入学入托、医疗等相关社会福利政策的不完善密不可分，换言之，由于外来劳动力无法享有上述各项福利，导致了劳动力流动的成本大大增加，进而弱化了吸引劳动力流动的工资传导机制，进一步阻碍了劳动力市场的一体化进程，且大湾区劳动力市场存在一个重大的问题即如何实现珠三角9市与港澳地区的劳动力制度性衔接，且考虑到劳动力结构和偏向问题。这些将是粤港澳大湾区实现提高劳动力市场一体化程度必须解决的问题。

从劳动力价格来看，即从就业人员的年平均工资（见表1－3）来看，截至2017年，珠三角9市中，年平均工资最高的是深圳为99139元，最低的是东莞为61373元，工资差距为37766元，且据表可知，珠三角9市的劳动力年平均工资呈现出阶梯形特征：广州和深圳为第一级，珠海、佛山、惠州和中山为第二级，东莞、江门和肇庆为第三级。据香港和澳门统计局统计2017年澳门人均本地居民总收入为57.5万澳门元，香港人均本地居民总收入为37.4977万港元，远超珠三角城市。这也表明粤港澳大湾区的劳动力市场一体化还较低，城市间劳动力价格差距大，尤其是港澳和珠三角之间。

表1－3　珠三角各市城镇单位就业人员年平均工资　　单位：元

年份	广州	深圳	珠海	佛山	惠州	东莞	中山	江门	肇庆
2000	19091	22772	15179	12498	9078	13782	14086	9101	8545
2005	34171	33003	22372	21998	16793	28349	23088	15108	16863
2010	54091	51513	34832	36851	29837	46250	40623	27374	29824
2012	62598	59554	48823	45068	41694	57019	55413	37824	38524
2013	68594	62626	55884	50158	47139	42806	48420	42339	43989
2014	73131	72664	62450	55505	53458	47493	53185	47645	48385
2015	79534	80839	67754	61572	58303	53130	58649	53366	53689
2016	88136	89481	74440	67061	64185	57537	64697	60226	58838
2017	97522	99139	80329	72307	70317	61373	67728	64941	64238

（2）金融市场。

作为经济一体化的重要构成部分，粤港澳三地在金融市场区域范围内的关联度逐渐强化。金融优势是香港的最大优势之一，同时也为深化粤港澳合作打下了坚实的基础。近年来粤港澳三地在CEPA框架下不断深化金融合作，制定了香港、澳门的银行、证券、保险机构进入内地的若干务实政策，建立了粤港澳金融合作长效工作机制，在一定程度上深化了香港与内地的合作内容，丰富了合作的多元形式，使香港的经济全面、充分地融入内地经济，为粤港之间实现更深入的合作奠定了经济基础。2012 年 7 月 25 日《广东省建设珠江三角洲金融改革创新综合试验区总体方案》正式发布，明确指出支持粤港澳在政策允许范围内的多方面、深层次的金融领域合作，开辟金融合作更广阔的空间，建设以香港金融体系为主导、珠江三角洲金融资源和服务为依托的金融合作区域。2015 年 12 月，中国人民银行公布了《以粤港澳金融合作为重点 坚持粤港澳一体化发展》文件，要求扩大人民币跨境使用、深化外汇管理改革、深化以粤港澳为重点的区域金融合作和提升金融服务水平。

尽管粤港澳在金融合作与创新方面取得了一些积极的成果，但现存的制约因素和障碍依然突出。港澳在金融市场的发展都是非常市场化的，体现在没有任何外汇管制，资金可以完全自由出入金融市场。相对而言，广东作为中国内地的一个省份，实行了一定的外汇管制，在一定程度上，这种外汇管制阻碍了粤港澳金融市场的资金在这些地区之间的自由流动，并且使其缺乏统一的汇率安排和货币制度。粤港澳三地金融监管法规适用标准不同，业务准入和市场准入的法律标准各异，并且准入门槛普遍较高，这都限制了三地金融机构的进一步深度合作。只有在建立有效的跨区域监管协调，制定统一法律标准与监管标准基础之上，粤港澳金融市场才有望实现长远合作。安全、高效、实时的登记结算和支付清算体系是提高证券市场效率的重要前提，目前，虽然香港支付清算体系迅速发展，但澳门和广东的支付清算体系仍亟须完善。此外类似于国际清算银行这样的处理三个地区之间金融交易的支付清算、评级、担保等配套机构的缺失，在很大程度上阻碍了三地之间金融行为的迅速、安全进行。在抵御金融风险方面，粤港澳统一金融市场还缺乏有效的金融避险机制，以减少汇率风险和利率风险。粤港澳三地在国际地位的差异以及金融法规制度上的不同，在具体法律规范适用方面给形成一个相互开放与合作的统一金融市场带来了许多困难，在金融市场一体化的进程中，也凸显出缺乏一个有效的纠纷解决机制（吴唐生，2014）。

（3）土地市场。

粤港澳大湾区不同发展程度和规模的城市，土地利用效率差异也相当巨大，且呈现进一步扩大趋势。2017 年，香港和澳门的单位土地面积产出分别高达 19.277 亿元/千米^2 和 103.049 亿元/千米^2。在珠三角城市中，城市单位土地面积产出排前三的分别是深圳 11.234 亿元/千米^2、东莞 3.082 亿元/千米^2 和广州 2.892 亿元/千米^2。其他珠三角城市的单位土地面积产出均低于 2.600 亿元/千米^2，可以说珠三角 9 市中只有深圳的单位土地面积产出非常高，而其他地区的单位土地面积产出都比较低（见表 1－4）。当前在粤港澳大湾区中，经济实力强的城市，土地资源少，地价及房价较高；经济实力较弱的城市，土地资源较丰富，地价较低。在大湾区内，土地供应和成交呈现出分化的形势。当前大湾区较发达地区很多城市建设用地指标已经非常稀缺，但仍不允许跨地区的耕地“占补平衡”，也就不能将可利用的建设用地指标在地区间进行再配置，结果就是导致不同地区之间土地的利用效率差异巨大，市场“供不应求”，使得大湾区土地市场分割严重，阻碍一体化发展。

表 1－4　2017 年粤港澳大湾区各城市单位土地面积产出

城市	GDP 产出（亿元）	面积（千米^2）	单位面积产出（亿元/千米^2）
广州	21503	7434.40	2.892
深圳	22438	1997.30	11.234
佛山	9550	3797.70	2.515
东莞	7582	2460.00	3.082
珠海	2565	1732.30	1.481

续表

城市	GDP 产出（亿元）	面积（千米²）	单位面积产出（亿元/千米²）
中山	3450	1783. 70	1. 934
肇庆	2201	1489. 10	1. 478
惠州	3831	11346. 00	0. 338
江门	2690	9505. 00	0. 283
香港	21327	1106. 34	19. 277
澳门	3143	30. 50	103. 049

资料来源：各地发布的 2017 年统计公报、香港特区政府统计处网站和澳门特区统计暨普查局网站。其中香港、澳门两特别行政区 GDP 按现时汇率进行折算。

（4）技术市场。

在技术市场方面，首先，粤港澳大湾区 9 市 2 区的科技投入在地区分布不均匀，科技投入过于集中于广州、深圳等大城市。以 2015 年为例❶，珠三角科研人员主要集中在广州、深圳、佛山、东莞四地，人数分别占科研人员总数的 16. 74%、35. 46%、13. 82% 和 12. 05%；科研经费支出情况也如此，深圳为 6726493. 8 万元，占比为 46. 87%；广州为 2122612. 7 万元，占比为 14. 79%；佛山为 1929893. 3 万元，占比为 13. 45%；东莞为 1267889. 5 万元，占比为 8. 84%，四者之和占珠三角科研经费支出的 83. 95%；香港和澳门两区由于本身经济发展特点，科技研发投入不高，分别占其 GDP 的 0. 8% 和 0. 4%。

其次，粤港澳大湾区 9 市 2 区产业发展布局和结构侧重不同导致其对技术市场的要求不同。广州、深圳偏向发展高技术产业，珠江东岸以现代电子信息业为主，珠江西岸以传统制造业为主，香港、澳门则以贸易、金融、旅游等现代服务业为主。技术密集型产业分布呈现区域差异，因此，表现为技术市场一体化程

❶ 数据来源于《广东统计年鉴 2016》与《中国统计年鉴 2016》。

度不高。

此外，在知识产权保护方面，香港法律体系比较完备。香港以所得税为主，鼓励企业创新。而其他内地城市税收以流转税为主，支持企业科技创新主要采取税收优惠的方式，实际执行较难。在科研经费的使用上，内地城市的科研经费无法在香港、澳门使用。区域内职业技术资格不能互认，内地在香港科研创新人才被视为“境外人员”，须在内地和香港同时交税，很多人被动地“来了又走了”。香港的创新人才可进驻内地，但却没有相应渠道让他们选择回香港，严重制约了香港国际化创新人才的引进和回流。新时期，党的十九大报告明确提出要“制定完善便利香港、澳门居民在内地发展的政策措施”，这一措施的落地实现必将能极大地提升大湾区技术市场和劳动力市场的整合。

3. 市场一体化取得的成就

目前粤港澳大湾区一体化已经取得了以下三个方面的重要成果。

（1）珠三角三大经济圈成效显著，逐步实现粤港澳重心对接，区域发展协调性、整体性逐步增强。广东省大力打造的“广佛肇”“深莞惠”“珠中江”三大经济圈效果显著，分别以广州为核心、对接香港、连通澳门，区域发展协调性增强。三大经济圈已经实现了在城市规划、基础设施建设和产业发展等多个领域的紧密合作与规划，极大地推动了珠三角一体化。在“深莞惠”经济圈，深圳与惠州合作建设物流仓储园区，深圳的华为、华硕等电子信息公司分别在东莞、惠州建立工业园及生产基地，还积极与香港实现对接，致力于打造“港深惠莞”新经济圈；“广佛肇”经济圈以广州为核心，通过年票互通和连接三市的城际轨道交通项目大大加强了城市融合与联合；在“珠中江”经济圈，通过“年票互认”“饮用水同网”“通信同城化”等方案，“珠中江”三市已签订了在城市规划、旅游、环境保护等领域的多项合作协议，深入推进城市合作与市场一体化，并逐步规划，完成与澳门的对接与融合，形成了全方位的紧密合作格局。

（2）改革开放以来，粤港澳功能性区域一体化促使三方形成了相辅相成且密不可分的关系，经济发展差距与竞争关系的存在并没有缩小粤港澳的区域合作空间，无论是在融资租赁等金融创新、城市管理还是在国际航运等现代服务业的发展方面，粤港澳区域都拥有广阔的合作空间。实际上，粤港澳现有的合作已使得三个地区的经济联系紧密、荣辱与共，三地已超越了单一的产业分工协作，上升至基础设施、社会民生等多个领域的合作。港澳的国际化金融、税收、法律、信息等现代服务业，已经与深圳的科技创新、广州的商贸之都、东莞与佛山等城市的制造业形成了相互促进、互利共赢的关系，这预示着三地在未来发展进程中仍有极其广阔的合作前景（杨英，2014）。

（3）粤港澳的协同合作进一步加强，粤港澳的经济合作与一体化的实施进一步朝着宽领域多层次方向推进。例如，南沙在科技创新、教育文化、商贸旅行、港口物流以及供往港澳的鲜活农产品基地等领域与港澳进行深度沟通，使得粤企在港开展上市和并购更加便捷与顺利；广深港高速铁路于 2018 年 9 月 23 日通车，珠港澳大桥于 2018 年 10 月 23 日正式通车，这使得香港与广州、深圳更加紧密地联系在一起；港粤的技术市场一体化可以追溯到 2009 年，早在那时，粤港就共同设立了共建科技创新平台和产权交易平台；粤港、粤澳合作框架协议的签订和实施为货物通关与产品流动提供了便利，“自由行”等政策的实施则促进了游客往来和劳动力流动。上述措施以及一系列相关政策加速了粤港澳三地的商品、资本、技术和人才等的自由流动，为资源的优化配置创造了有利制度条件，极大推进了粤港澳三地的一体化进程。

4. 一体化存在的问题

目前大湾区市场一体化存在的问题集中表现在以下三个

方面。

（1）珠三角与港澳城市的融合度不高。目前粤港澳大湾区城市群和经济圈已经发展形成了三个层级。其中，第一层级是在全球金融体系中占有极重要位置的香港；第二层级是广州、深圳和澳门三个城市，是区域性中心城市；第三层级是珠海、东莞、佛山、惠州、中山、江门、肇庆等城市（覃剑，2013）。由于存在层级，城市间沟通交流就存在一定的阻碍，同时，由于香港、澳门特别行政区实行“一国两制”，与珠江三角洲 9 市存在不同的关税制度以及经济制度和政治制度，因此，粤港澳大湾区城市群内香港、澳门与珠江三角洲其他城市的融合程度与市场统一还存在很大的差距。

（2）珠三角地区建成世界水平的制造业基地，踏上了升级转型之路，不仅使其与港澳的经济差距发生根本性变化，而且将二者之间的互补性发展转变为替代性发展，过去的竞争与合作相当的关系转变为竞争多于合作，这使得粤港澳一体化遭遇到种种障碍（张晓群，2007）。统计数据显示：香港经济总量已经从 2000 年在整个珠三角地区占比的 60% 下降到 2016 年的 22.5%；而广州和深圳在 2016 年分别占 19.94% 和 19.82%，实力对比逆转为珠三角地区的经济总量已经大大超过了香港（封小云，2014）。不仅如此，其他方面的竞争也日益凸显，如珠三角在向高科技制造以及服务和创新中心转型过程中，与香港产业的同质化竞争和经济发展腹地的竞争愈发明显。相关研究还表明：2000—2014 年，港澳与珠三角的地缘经济关系呈现出互补性的竞争趋向，即港澳与珠三角城市间的分工协作关系较差，粤港澳地区的整体竞争趋于同质化（邴綨纶等，2017）。

（3）在粤港澳合作不断升级的过程中，共同市场的建立始终面临着各种各样的制度壁垒，有有形的，也有无形的。最终，由于缺乏便捷和有效的制度环境，粤港澳区域内商品、人员、资金、技术、信息等要素都无法实现自由流动，其交易成本始终居高不下。在如此巨大的制度落差下，各方都在关注“两制”能否最终落实而过程中又过分强调“两制”间的差异，反而使回归后的“一国”优势被忽视，难以形成区域合作共识。由于上述问题的客观存在，粤港澳大湾区面临着错综复杂的碎片化和制度化的环境格局。粤港澳间的制度环境差异所导致的高交易成本限制了粤港澳的进一步融合和一体化发展（杨英，2014）。

第二节　粤港澳大湾区市场一体化优劣势分析

从历史沿革看，由于山河相连、文化同源、语言融通，粤港澳大湾区在经贸、技术、信息等方面有着密切的交流合作，区域市场一体化进程不断推进。在大湾区共建新时期，要实现粤港澳的融合发展，需要明晰其所具备的优劣势，扬长避短，促进粤港澳市场的一体化发展。

（一）粤港澳大湾区推进市场一体化具有的优势

1. 地理环境优越

粤港澳大湾区在空港群条件、人口条件、土地面积上均处于领先地位，并且其他资源也十分丰富，地理条件较好，处在亚热带气候，冬季温暖少雨，夏季高温多雨，气候环境相当优越，大湾区区域地壳相对稳定，历史上从未发生过6级以上的破坏性地震（张磊，2018）。陆域工程建设的基础条件良好，特别是深部岩层地基条件稳定，有利于建设楼房、公路、各类桥梁及大型机场。海域适宜建设港口、海底光缆、风力发电站、核电站、输油管道等设施。另外，发达的河流水系使其形成了由内陆向外海延伸的便捷水运体系；沿岸水深适宜，有包括广州港、珠海港、深圳港、惠州港等亿吨以上的为数众多大型港口，可建设大规模的港口群；沿江、沿海地区大、中、小型港口汇聚，有利于充分利用资源，优势互补，承包几乎所有区域的物流和运输（陈朝萌，2016）。优越的气候条件和环境优势不仅促进了当地现代农业、工业、旅游业的蓬勃发展，还为人们更好地生活、工作提供美好的环境，与此同时吸引其他地区的劳动人才投身大湾区的建设，有利于区域市场的一体化（张磊，2018）。

2. 经济实力雄厚

首先，总体经济规模宏大。2017 年，粤港澳大湾区 GDP 首次突破 10 万亿元人民币，经济规模总量高达 1.5 万亿美元，其中，香港、广州和深圳经济总量均超过 2 万亿元人民币。其次，粤港澳大湾区经济腹地十分广阔，泛珠三角区域内占有全国约 1/3 的人口、1/5 的土地面积和超过 1/3 的 GDP 总量（见表 1－5）。再次，粤港澳大湾区的外向型经济发达，湾区内的对外贸易总值、外资的利用额、机场旅客年客运量、港口集装箱年货运量等均居各湾区前列。其中，2016 年粤港澳大湾区港口集装箱年吞吐量超过 7000 万标箱，机场旅客年吞吐量达 1.86 亿人次，居各著名湾区首位。最后，人口总量大。2017 年，粤港澳大湾区总人口为 6958 万人，超过纽约、东京和伦敦三大城市群；人口密度约为 1630 人/千米^2，基本与东京湾区持平。粤港澳大湾区经济实力雄厚，可以有更多的力量用于完善区域交通、通信等基础设施，建设现代化的交通体系，加强城市整合，促进区域市场一体化发展。

表 1－5　2017 年粤港澳大湾区城市基本数据统计

城市	GDP（亿元）	珠三角 GDP 占比（%）	湾区 GDP 占比（%）	常住人口（万人）	人均 GDP（元）	市域面积（千米^2）
广州	21503	28.36	21.44	1450	148297	7434.40
深圳	22438	29.60	22.38	1253	179074	1997.30
佛山	9550	12.60	9.52	766	124674	3797.70

续表

城市	GDP（亿元）	珠三角 GDP 占比（%）	湾区 GDP 占比（%）	常住人口（万人）	人均 GDP（元）	市域面积（千米²）
东莞	7582	10.00	7.56	834	90911	2460.00
珠海	2565	3.38	2.56	177	144915	1732.30
中山	3450	4.55	3.44	326	105828	1783.70
肇庆	2201	2.90	2.19	412	53422	1489.10
惠州	3831	5.05	3.82	478	80146	11346.00
江门	2690	3.55	2.68	456	58991	9505.00
合计	75810			6152		41545.50
香港	21327		21.27	741	287814	1106.34
澳门	3143		3.13	65	483538	30.50
总计	100280			6958		42682.34

资料来源：各地发布的 2017 年统计公报、香港特区政府统计处网站和澳门特区统计暨普查局网站。其中香港、澳门两特别行政区 GDP 按现时汇率进行折算。

3. 交通便利和配套设施较为完善

粤港澳大湾区位于珠江口，水网密布，水路交通畅通。该大湾区内除了有香港和澳门两大自由港，还有广州港、珠海港、深圳港三大城市港口，海上交通极为便利，海运货物吞吐量巨大，相关配套设施不断健全完善，极大地方便了大湾区城市的内部交流，以及与其他国家和地区的贸易往来（张磊，2018）。此外，粤港澳大湾区的陆路交通也十分便利，公路、铁路四通八达，网线密集，广深港高铁、港珠澳跨海大桥和深中通道连接着粤港澳众多核心区，缩短了各区域城市的空间距离，加快了粤港澳区域的经济交流与发展步伐。粤港澳大湾区作为全国经济发展先行者，拥有比内陆地区更加完善的配套设施。全区域内交通设施、能源设施、环保设施、公共服务、医疗卫生设施相对较为完善，降低沟通和交流的成本，为城市经济一体化发展和社会活动提供全方位的保障。

4. 产业结构不断优化

粤港澳大湾区经济结构正朝着湾区经济的中高水平迈进。内地珠三角9市的产业体系相对完善，长期以来积累了坚实雄厚的制造业基础，当前正向前沿的高端制造方向升级，新产品、高科技不断涌现，产业层次不断提升，金融、物流、商务、信息、科技等高端服务业快速发展，形成了现代服务业与先进制造业双轮驱动的产业体系。而港澳地区现代服务业占主导地位，服务业增加值在GDP中占比超过90%，金融、贸易、物流、旅游、法律、医疗、会计、商业管理、餐饮等行业得到发展（见表1－6）。粤港澳大湾区整体产业结构的持续优化，产业体系的不断完备为其一体化发展提供了良好的物质基础，在此基础上，进一步优化产业分工和布局，因地制宜，错位互补则是粤港澳大湾区市场一体化大发展的潜力所在。

表1－6　2017年粤港澳大湾区GDP构成比重　（%）

城市	第一产业	第二产业	第三产业
广州	1.0	28.0	71.0
深圳	0.1	41.4	58.5
珠海	1.8	48.1	50.1
佛山	1.4	57.7	40.9
惠州	4.3	52.7	43.0
东莞	0.3	48.3	51.4
中山	1.6	50.3	48.1
江门	7.0	49.2	43.8
肇庆	15.5	36.6	47.9
香港	0.1	7.6	92.3
澳门	0	6.6	93.4
珠三角	1.5	41.7	56.8
广东省	4.0	42.4	53.6
全国	7.9	40.5	51.6

资料来源：国家统计局，Wind数据，香港年报和《中国统计年鉴2018》。

5. 合作基础扎实并进入新阶段

"一国两制"、CEPA、粤港和粤澳合作机制持续运行了数年，全世界不存在其他两个城市如深港一样，将往来演化为生活工作的常态，粤港澳大湾区 9 市 2 区位分工明确，特色明显，优势互补。粤港澳地区的合作相继经过了"前店后厂""服务贸易自由化"和"宏观战略导向"三个阶段，合作基础十分扎实，市场一体化已经达到了一定水平和程度，粤港澳三地已经形成多层次、全方位、宽领域的合作发展机制，粤港澳的合作正进入一个新的时代，即以经贸制度对接、技术标准互认和服务贸易自由化为主导的大湾区一体化和共建。大湾区同城化程度不断扩大，城市间合作不断深化，正在经历从"一群城市"的城乡一体化向"一个城市群"的区域一体化的发展过程，逐渐完善建设世界级城市群的基础条件。

（二）粤港澳大湾区推进市场一体化面临的挑战

目前，粤港澳大湾区已有一定的合作基础，但要实现区域市场一体化，实现其长远的建设目标与战略价值仍将面临诸多挑战。需要遵从湾区经济和城市群的发展规律，在两种制度、三个法律体系、三个关税区的异质城市群中开展跨境合作与治理（蔡赤萌，2017）。

1. 显著的制度体系差异

粤港澳大湾区的最大挑战在"融合"，而融合的最大挑战是制度体系等上层建筑的差异。既与国内的长三角、京津冀地区不同，也与纽约湾区、东京湾区等国际湾区存在显著差异，同时粤港澳大湾区并不是在同一个政治经济体制下运行的，形成了"一个国家、两种制度、三个关税区、四个核心城市"这样一个"一二三四"独特的格局，这既是它最大的特点和优势，也是大湾区融合的难点与痛点所在，经济制度、法律体系、行政体系的各异为大湾区的一体化协调发展带来了突出的制度障碍和高昂的协调成本（李胜兰，2018），地域间制度多样性、互补性给合作带来共同利益，亦可能产生矛盾。粤港澳大湾区要展开密切合作，实现市场一体化，需要统筹协调，消除一些政策方面的障碍，才有利于成为国际一流湾区和世界级城市群。

基于制度差异，跨境治理也存在“两制磨合”的问题，需要进一步执行协调机制的艰巨任务。国家发展改革委和粤港澳三地共同签署的《深化粤港澳合作 推进大湾区建设框架协议》推进现行的体制机制。与以前的粤港、粤澳合作机制相比，这种模式强化了国家发展改革委在其中的领导和协调的职能，加强了统筹规划和协调的力度，但落实的内容仅限于达成一致意见的事项，如果有一方落实不到位，或是预期在执行程序上存在不确定性，将会影响到合作进程顺利开展。除此之外，政府职能力量的不同、行政程序的复杂差异、规划内涵及执行力的差距等，都将影响合作的具体进展（蔡赤萌，2017）。

2. 同质化竞争和资源错配

与国际上的几个湾区相比，粤港澳大湾区大而不强，内部联系的集中度和密度均不足，互补性和互动性产业链尚未形成，区域内的城市内部经济联系不强。就城市定位而言，“十三五”规划和四方签署的《深化粤港澳合作 推进大湾区建设框架协议》中明确界定了广东、香港、澳门三方的合作目标，要实施产业分工错位发展，构建协调发展的现代产业体系，不断健全产业发展格局，加速向高端全球价值链转型。基于该协议，大湾区各城市相继确定了各自的发展角色。香港希望巩固其作为国际金融、航运、贸易三大中心的重要性。广州市“十三五”规划明确提出举全市之力筹建国际航运中心、贸易中心、物流中心、现代金融服务体系和国家创新中心城市。深圳市“十三五”规划提出，建设功能显著增强的更高层次的国家级自主创新示范区、国际物流枢纽城市和金融中心。佛山要着力巩固制造名城地位，加快建设国家级珠江西岸现代化装备制造业龙头城市和高性能装备制造业城市。东莞要打造珠三角商贸创新基地和国际制造名城。江门将建成世界一流的轨道交通装备产业基地。中山要建设世界前沿的现代化装备制造业基地。肇庆将在珠江—西江经济带打造先进制造业基地（李锋，2018）。

综观上述定位，粤港澳大湾区的产业定位大体相似，同质化竞争较为严重，金融、制造、航运等领域存在重复建设以及竞争等问题。各城市的单元一体化程度较低，缺乏整体协同的意识，城市间合作发展面临的这些障碍使之难以形成“群”的发展效应，而且在交通运输一体化、产业错位发展、公共服务同城化等层面仍存在如何协调的难题，个别领域竞争同质化、资源高度错配。各方按照简单的梯度分工进行产业配置，利益共享的产业链匮乏，对形成世界级的产业集群十分不利。2016 年粤港澳大湾区各城市产业占比见表 1－7。

表 1－7　2016 年粤港澳大湾区各城市产业占比　（%）

城市	第一产业	第二产业	第三产业	农林牧渔业	制造业	建筑业	批发和零售业	运输仓储邮政	住宿餐饮	金融业	房地产业
广州	1.22	29.42	69.35	1.83	36.72	4.00	20.69	9.61	3.01	12.74	11.41
深圳	0.04	39.91	60.05	0.05	46.74	3.39	13.99	4.03	2.31	18.07	11.43
珠海	1.96	48.50	49.54	2.58	52.71	6.96	12.48	2.54	2.64	9.15	10.94
佛山	1.68	59.63	38.69	2.06	67.39	2.43	8.41	3.93	1.05	5.14	9.59
惠州	5.03	53.85	41.12	5.92	59.02	3.56	11.95	2.80	3.02	5.21	8.53
东莞	0.35	46.48	53.17	0.46	57.73	1.71	15.96	3.93	2.82	8.25	9.14
中山	2.13	52.37	45.50	2.69	62.85	2.71	11.53	3.06	1.70	7.04	8.42
江门	7.81	47.58	44.61	9.81	55.61	3.38	10.11	4.72	1.83	6.61	7.93
肇庆	15.21	47.96	36.83	18.24	53.78	3.41	10.31	3.87	2.96	3.67	3.76
香港	0.07	7.24	92.70	0.08	1.67	6.96	33.31	9.74	4.91	26.96	16.36
澳门	0	7.77	92.23	0	1.39	15.79	27.04	6.64	—	49.14	—

数据来源：《广东统计年鉴 2017》和《中国统计年鉴 2017》。

3. 严格的边境管理与要素流动不畅

目前，在交通基建等硬环境方面，粤港澳大湾区的联通改善明显，随着广深港高铁、港珠澳大桥的相继开通以及“一地两检”的实施，大湾区市场一体化的物质基础不断完善。但在软环境上，粤港澳大湾区的全面融合面对一系列制度条件的限制。港澳与广东经济制度不同、法律相异，又分属三个不同的经济体和关税区，致使区内人员、资金、货物及信息等要素在三地间并不能自由流通，存在边界管理（蔡赤萌，2017）。此外，三地的关税水准、资金流通制度、投资开放程度、对外经济政策亦有实质性的区别。由于广东并非一个独立经济体，与外界的经济整合受制于全国的开放水准和对外经济政策。这意味着在“一国两制”框架下，粤港澳大湾区城市群的经济整合程度只能是有限度的整合，内地对外关税水准、要素流通开放程度和管理制度，无法在短期内与港澳特区一致。

第三节　国外湾区市场一体化建设的经验解析

目前，纽约湾区、旧金山湾区、东京湾区是世界上最具影响力的三大湾区，三大湾区通过不断完善产业分工、产权保护、法制约束、环境治理，大力发展对外贸易以及充分发挥独有的“拥海抱湾连河”地理环境优势，形成了高度开放、区域融合、创新驱动和产业高端的湾区经济模式，建立起了统一的大市场，引领全球经济的发展（马忠新等，2016）。深入剖析与借鉴世界三大湾区每一个细分个体市场一体化建设独特的经验，借此助力粤港澳大湾区市场一体化建设与发展，使其有望被打造为世界第四大湾区（伍凤兰等，2015）。

（一）美国旧金山湾区

旧金山是美国加利福尼亚州太平洋沿岸港口城市，从历史变迁看，因港而兴的旧金山湾区也曾历经3次重大的转型时期，其演进过程大致可以划分为淘金期、后淘金期与后工业化时代3个阶段。通过陆续开发，移民文化深厚，汇集了全国一半以上的精英人才，并通过区域性地方政府协会（ABAG）进行综合区域规划，以其行政区的特征强化地方政府间的合作，形成了明确的区域城市分工：北湾是著名的酒乡和美食之都；旧金山市是政治、金融、文教中心；东湾代表性的奥克兰是港口和工业中心；半岛是湾区最受欢迎的房产区；以圣何塞为代表的南湾借助于高科技产业，拉动金融、旅游及服务业崛起；硅谷更是在全球范围内享有盛誉（鲁志国等，2015；王静田，2017）。

旧金山湾区最显著的特色是以知识技术为基础，拥有雄厚的科研力量和庞大的人才队伍。加州拥有相当多的著名高等院校如斯坦福大学、旧金山大学、加利福尼亚大学等，同时丰富的科研资源，众多的科技人员，也在企业科技研发、成果转化、产业化发展等各个阶段起了重大的作用，各种社会资源得到了充分配置，实现产学研一体化，再加之卓有效率的科技金融体系和发达的风险投资行业，使得内外部相互促进、合力实现一体化发展。

（二）美国纽约湾区

在世界级的三大湾区中，纽约湾区坐落于美国东北部大西洋西岸，其人口约占美国人口总数的20%，位居国际湾区之首。该地区的中心城市是纽约，次中心城市包括华盛顿、波士顿、巴尔的摩、费城，连带周边的40多个中小城市，形成了“中心城市—次中心城市—中小城市”的塔尖式格局（王静田，2017）。

在纽约湾区的一体化形成与发展历史中，由“第三部门”主导的跨行政区域的统筹协调规划起了重要作用。迄今为止，纽约区域规划协会（RPA）组织编制了4次区域规划，积极探索并大力倡导区域规划政策中的跨行政和跨政府合作，尤为强调了政府、社会和企业三方合作机制共同在区域规划中的主导作用，尤其是作为由第三部门主导的区域性协调规划，其无论是在制定还是在实施上，都为第三部门组织制定和推进区域规划提供了成功示范。

纽约湾区产业结构演进对中国湾区经济发展具有极大的参考价值。从纽约湾区的产业结构变迁史来看，重工业基本不多，而主要以食品、服装业、出版业等轻工业为多。伴随着城市经济的发展，制造业退出城市已经成为必然趋势，以知识经济为主导的服务业迅速腾飞，提升整个城市的集聚和辐射功能（马忠新等，2016），经济规模快速扩大，金融业和高新技术产业快速发展。

（三）东京湾区

东京湾位于日本本州岛南部海湾，包含东京都、神奈川和千叶三县。东京湾沿岸是马蹄形港口群，由横滨港、东京港、千叶港、川崎港、木更津港、横须贺港6个港口首尾相连，在庞大港口群的带动下，工业沿着东京湾地区逐步向西和东北发展，形成了装备制造、钢铁、化工、现代物流和高新技术等产业非常发达的京滨、京叶两大工业地带。东京湾区拥有全世界最密集的轨道交通网，是日本最大的工业城市群和金融、商贸、交通、消费中心。

由于没有成立相关的契约型社会组织，东京湾区一般被赋予经济统计意义上的都市区，鼓励要素的自由流动。东京湾区的成功受益于日本政府的顶层规划与制度安排，日本政府先后颁布了《港湾法》《东京湾港湾计划的基本构想》和“第五次首都圈”基本计划等政策，明确整个国家港口发展数量、规模和政策三者之间的关系，协调规划港口群，避免恶性竞争，实现港口一体化，保障港口群的最大利益。

（四）国际湾区市场一体化建设的经验总结

粤港澳大湾区与旧金山湾区相比，有着众多共性。粤港澳大湾区是中国创新要素和各种资源都高度汇聚的重要地区之一，深圳在产业配套能力和研发成果产业化能力上都在全球范围内名列前茅，并且发展多元新兴产业，和硅谷一样都有敢于革新、善于创新的传统，这与旧金山湾区的“创新型”特点不谋而合（林贡钦等，2017）。一直以来，粤港澳大湾区高度重视科技创新，并且在这方面成就显著。截至2017年年底，广东省有效发明专利量为20.85万件，连续多年位列全国第一，高新技术企业达3.3万家。

与纽约湾区相比，2016年，粤港澳大湾区GDP约为1.36万亿美元（见表1－8），也具备较大的经济规模，在产业集聚上也极具优势，制造业、金融业、高新技术产业均处于全国领先水平，并且第三产业发展很快，行业之间的互补带动了粤港澳大湾区的协同效应。

表1－8　2016年粤港澳大湾区与世界三大著名湾区要素对比

要素	粤港澳大湾区	纽约湾区	旧金山湾区	东京湾区
面积（万千米^2）	5.65	2.15	1.79	1.35
人口（万人）	6800	2340	760	3500
GDP（万亿美元）	1.36	1.40	0.80	1.80
人均GDP（万美元/人）	2.00	5.98	10.52	5.14
核心产业	科技创新、制造业等	金融服务业等	科技创新业	先进制造业等

续表

要素	粤港澳大湾区	纽约湾区	旧金山湾区	东京湾区
第三产业（%）	62.2	89.4	82.8	82.3
区域城市结构	多中心，区域发展竞争激烈，环湾发展稍弱	单中心，功能区集中，环湾发展成熟	单中心，功能区集中，南部湾区发展成熟	单中心，功能区集中，湾区西岸发展成熟

资料来源：《广东统计年鉴 2017》和世界经济数据库。

粤港澳大湾区与东京湾区相比，发展基础相似度较高，都致力于政策制度引导与促进要素自由流动。大湾区内交通基础设施非常完善，轨道交通线路、高速路网络及港珠澳大桥和深中通道主干线已经基本覆盖整个广东省。空海港资源丰富，不仅拥有广州、深圳、香港等国际航空枢纽；还拥有深圳港、广州港、香港港三个世界级集装箱港口及众多纵横的水运航线。这些不仅有助于湾区沿线经济要素的自由流动，同时也对湾区各城市之间的资源整合有巨大帮助，不仅可以实现城市间的优势共享，还可以辐射全国（林贡钦等，2017）。

虽然纽约湾区、旧金山湾区、东京湾区三大国际一流湾区的一体化路径、核心定位的发展模式都不尽相同，但是其中也不难发现各个湾区之间的一些共同特征，如均实现了基础设施的一体化、区域分工协同化、要素流动自由化和营商环境包容化等。由此证明其成功路径和实践经验大体上都是相通的（申明浩等，2017），对粤港澳大湾区市场一体化建设有借鉴价值。

1. 加强顶层设计与统一规划

通过顶层设计和统一规划，三大国际湾区在经济一体化融合以及基础设施建设等领域取得了突破性进展，为产品市场和要素市场的快速发展创造了条件和机遇。旧金山湾区通过区域性地方政府协会（ABAG）进行综合区域规划，纽约湾区通过纽约区域规划协会（RPA）组织编制了4次区域规划，东京湾区先后颁布了政策、法律和规划安排。在顶层设计的同时，三大国际湾区仍动态追踪和修订了各方的短期规划及长期建设规划，以求始终保持政策制度的可持续性和可发展性，从而确保规划能够充分契合湾区经济发展的方向（伍凤兰等，2015）。更关键的是，湾区通过顶层设计和统一规划，冲破了旧的行政区域格局，突破了行政区划界限对湾区经济一体化的制约与阻碍，提高了湾区经济整体的发展效率和水平（申明浩等，2017）。

2. 促进产业分工与合理布局

纵观三大国际湾区，均在建构产业分工的“雁阵布局”体系上取得了巨大成功。旧金山湾区的核心在于硅谷，其中汇聚了众多电子类高科技企业，而外围的圣何塞和奥克兰，分别为硅谷输送资金、人才和各种原材料、中间品以及产品输出服务。纽约湾区形成“中心城市—次中心城市—中小城市”的塔尖式格局。东京湾区也形成了京滨、京叶两大工业地带。湾区立足于核心区与外围区的比较优势，核心区发挥着经济增长点和引擎的作用，是高端要素和高端产业高度集中的区域，在产业价值链中占据了高附加值的一环；外围区承担核心区产业转移和配套设施，产业布局主要涉及核心区产业和中间价值体系。核心区的高端产业与外围区的配套产业协调发展，市场既分工明确又优势互补，反馈促进效应和技术溢出效应显著，显示了雁阵布局体系的合理性（申明浩等，2017），促成了分工明确、协同发展的产业布局体系。

3. 明确市场机制与行政边界

纽约湾区中曼哈顿的金融业，旧金山湾区中硅谷的高科技产业，都是在市场机制的驱动下发展起来的，政府部门极少直接干预市场；东京湾区的港口群一体化则是在一系列政策、法律的驱动下形成的，行政干预的流程和文件都是高度透明化的。明确的市场机制与行政边界、市场机制与行政机制之间的良性互动保证了各种资源、商品和要素能够在湾区内部自由流动，而免于遭受各种显性或是隐性壁垒的阻碍，并且在市场机制充分发挥作用的前提下达到配置状态的最优化，从而在很大程度上提升了湾区经济的整体竞争力和生产效率。把组织生产和资源配置的问题交予市场机制去协调，行政机制关键是要致力于解决湾区经济发展所面临的法律保障和基建的问题（申明浩等，2017）。行政机制与市场机制都必不可少，而且必须厘清二者间的界限才能够确保湾区经济发展的可持续性。

第四节　粤港澳区域产业分工与协同联动机制研究

（一）粤港澳区域产业分工

粤港澳大湾区市场一体化建设亟须明确规划产业区域分工，避免内耗和重复建设。《深化粤港澳合作 推进大湾区建设框架协议》中指明了粤港澳三方的合作方向和定位，即在产业分工上各有所长实施错位发展，共同建构协同发展的现代化产业体系，健全产业发展格局，加快向全球价值链高端迈进（蔡赤萌，2017）。产业发展布局一体化，加强三地产业分工与协同，实现错位发展是建设粤港澳大湾区及其市场一体化中最为关键的问题。

1. 珠三角城市的发展定位

广东的发展远景是提升广东作为全国改革开放先行区、经济发展重要推动力的作用，建构科技、产业创新中心和先进制造业、现代服务业基地❶。通过改革开放以来几十年的发展，珠三角地区的三大特色产业区域分工体系已基本成形。第一是在珠江

❶ 引自《深化粤港澳合作 推进大湾区建设框架协议》。

东岸形成了以深圳、东莞、惠州为主体的规模最大的全国电子通信设备制造业基地——广东电子信息产业走廊。第二是在珠江西岸构建了以佛山和江门为主要依托的机械电器产业群以及以珠海、中山为中心的五金制品、家庭耐用品为主的产业带。第三是珠三角地区以位于中部的广州、佛山、肇庆为主体建构的电气、钢铁、机械、建材产业带。广州要依托南沙粤港澳全面合作示范区发挥粤港澳大湾区核心增长极作用；深圳致力于“打造粤港澳大湾区建设在投资贸易、科技创新、规则制定等领域的新引擎”，共建香港最大科技创新园区；广佛同城同心携手建设粤港澳大湾区枢纽城市，打造大湾区西部航空枢纽，建设大湾区高品质森林城市；东莞加快打造粤港澳大湾区先进制造业中心；中山与大湾区中心城市广州、深圳、香港互动，在规划上主动衔接，在交通上主动对接，在产业上主动承接；珠海成为大湾区的中心连接点和交通枢纽；惠州建设成为粤港澳大湾区科技成果转化高地；肇庆打造大湾区连接大西南枢纽门户城市；江门加快粤港澳大湾区西翼枢纽门户城市建设。

2. 香港的发展定位

香港的发展方向为巩固和提升香港作为国际金融、航运、贸易三大中心的重要地位，大幅提高国际资产管理中心职能以及全球离岸人民币业务枢纽的地位，促进专业性的服务和创新及科技事业的蓬勃发展，深入建设亚太地区国际性法律及解决纠纷服务中心。[1] 香港除了积极提升自身的国际金融地位和创新研发实力外，可使之成为大湾区“超级联系人”。在大湾区经济的大背景下，香港担当“超级联系人”的功能，负责与国际世界的对接。香港可以利用其国际化的环境和优质的高等教育，以丰厚的奖学金及简化毕业后工作签证安排，吸引优秀的国际和内地学生来港

[1] 引自《深化粤港澳合作 推进大湾区建设框架协议》。

就读，以及毕业后留港发展，增强香港竞争力，同时引入拥有特殊知识和技能的国际人才，以壮大区内创新人才的基础，构建大中华地区重要的人才库。借着与内地的紧密联系，香港更可成为国际人才进入内地的中转站，为发展大湾区创新科技生态圈提供支持。同时，香港可利用其国际认可的知识产权保护制度，促进知识产权贸易，为国际创新科技交易提供平台，促进技术转移，不仅有助于大湾区企业引进外国高端技术和把自身的科研成果国际化，还可推动本地创意经济的发展。

3. 澳门的发展定位

澳门的发展前景是将澳门打造成世界旅游休闲中心，构建中国与葡语国家进行商贸互通合作的服务平台，大力建设以中华文化为主流、多元文化汇聚的交流合作基地，推动澳门经济多元持续发展。[1] 澳门是典型的城市经济体，产业发展空间十分有限，粤港澳大湾区城市群建设将有效扩大澳门发展空间，延伸其城市功能。澳门要抓住这次发展机遇，除了继续为区域融合提供休闲式服务外，更要发挥“精准联系人”角色。“精准联系”就是要集中精力做好事，利用澳门独有的优势，对准市场，做好内地与葡语国家的供求对接。澳门可帮助内地众多的网络视频企业将内地优秀剧集、纪录片翻译成葡语，开拓葡语国家市场，推广中华文化，传播中国好声音。

在新时期，粤港澳三地促进协同持续发展，应着眼于各地比较优势，立足于当代产业分工的具体要求，把握区域内的优势互补原则，把实现产业对接协作和助推市场一体化作为改革的重点课题，全力以赴实现良性对话、互利共赢。论证好产业布局调整后三方的合作互补关系，促成有序的分工合作、整体优势突出的产业协作机制，就一定能在粤港澳大湾区建设，乃至更大的范围

[1] 引自《深化粤港澳合作 推进大湾区建设框架协议》。

中培育出健康可持续的产业体系，实现产业一体化，进而实现市场，乃至区域一体化。

（二）粤港澳城市一体化协同联动机制研究

构建与完善区域互补联动机制，推动各城市乃至各区域由各展所长上升到协同共进，从各有亮点延伸到共造繁荣，不仅是突破区域间合作限制，进一步释放制度红利的重要途径，也是激发湾区创新经济发展潜力，提升其国际竞争力的必然要求。到目前为止，粤港澳大湾区在实现一体化与深度融合发展的进程中依然面临区域诸如本位主义、部分产业同质化竞争、体制机制障碍等问题，深入推进区域合作要逐步消除粤港澳三地的体制差异与文化落差。要坚持优势互补、互惠互利原则，打破行政地域壁垒，充分实现资源要素的自由流动、产业的合理分工布局。要联合各方构建科学合理有效的协调联动机制、互补互惠机制、协同发展机制、利益分享机制，以更完善的体制机制对接，更高水平的互利合作，打造湾区创新型经济发展模式。

1. 提升联通层次，探索利益共享机制

在互利互惠基础上拓展提升区域联通层次，实现路通、人通、商通、财通、政通，探索更为完善的区域利益共享长效机制。资源要素高度自由流通下的城市间功能协调互补是发挥湾区城市群集聚效应、规模效应、创新溢出的基本前提。粤港澳之间有着长久的合作历史与经验，以 CEPA 各项合作协议为代表的跨区域合作框架在不断完善与深化，但各方合作中“大门开小门不开”“人才进得来留不住”等问题依然突出。部分合作协议往往因各方利益诉求不一致，而无法真正落实，市场准入门槛仍偏高。粤港澳大湾区各方必须坚持“互惠互利”“互利共兴”原则，探索各城市在产业转移、交通、教育、医疗、技术等多方面的利益共享与利益分配长效机制。要进一步扩大自贸区的改革试验范

围，从推进小范围城市圈的一体化，逐渐过渡到整个大湾区城市群的一体化，加强区域基础设施“硬联通”和制度文化“软联通”，促进整个湾区路通、人通、商通、财通、政通，实现人流、物流、资金流、信息流等各类要素高效便捷流动，打造区域自由经济区和利益共同体。

2. 提高创新能力，构建科技创新机制

要以产、学、研、企的深层次合作为重要载体，加速建构区域范围内科技创新体系。科技创新无疑是未来世界湾区发展必然趋势。粤港澳大湾区享有雄厚的科技创新实力，为数众多的世界一流的高等院校与顶尖的科研机构，其产业集群已较为成熟，此外还拥有完备的产业链和能够快速做出反应的制造能力，产、学、研、企合作空间巨大，科研成果产业化条件优越。粤港澳大湾区应着力强化区域内科技创新的顶层设计，进一步加大规划引领和政策扶持力度。要充分发挥市场机制在汇聚科技创新资源以及对科技创新资源优化配置层面上的决定性作用，提升湾区内各大高等院校和科研机构的科研创新和技术创新能力，建构新型区域创新体系。要以广深科技创新走廊、深港科技走廊、珠澳科技走廊和广佛科技走廊为关键抓手（综合开发研究院课题组，2017），推进形成一批有特色的科技创新产业园区和具有支撑性的科技产业带，着力打造集大湾区产业要素、创新要素为一体的高地，提升对区域创新的服务支持和辐射扩散功能。

3. 集聚高端人才，构建人才激励机制

要构建行之有效的人才激励机制，引进国内外创新创业型人才，打造湾区“创新人才高地”，真正发挥人才在创新驱动发展中“第一资源”作用。创新发展的核心是人才，湾区可持续发展需要源源不断的智力支持。粤港澳大湾区要创新人才合作机制、出台高端人才政策、搭建高水平的人才交流平台，营造良好的创业创新与社会文化环境，推动国际高端人才向区内集聚和交流合作。要加大对湾区内高等院校、科研机构、创业企业的教育和科研的投入力度，创建全面覆盖整条创新链的产业研发网络格局，增强以人才资源为核心的各种创新要素的集聚效应，为建设世界一流湾区培养国际化、高端化人才。深圳作为湾区创新高地和主引擎，特别要解决空间局限对人才高生活成本的影响，更加重视一流大学和研发机构源头创新的重要作用。

4. 推进深度融合，完善区域协调机制

以更为完善的区域协调机制，全方位推进湾区城市之间、地区之间经济社会的深度融合。粤港澳三地在现有行政区划不变的前提下，要打破行政区划的掣肘，全面对接各地体制机制，提高区域治理水平。要完善政府间协商协调机制，健全管理协调机制、信息反馈机制。要推动成立粤港澳大湾区协调委员会，在定期联席会的形式下，对各项重大合作事项进行多方磋商与决策。在“一国两制”框架下，要加快三地法律体系、教育文化、医疗卫生、社会保障、生态治理等方面的跨区域合作与协调对接，打造湾区优质生活圈，推动整个湾区经济社会的深度融合。要将粤港澳地区的各种中间组织包括商会、协会、咨询机构等的作用发挥到最大，积极鼓励倡导工商企业界、劳工界、学界、服务界等社会中的各界共商共计、深化合作，携手共促大湾区市场一体化创新发展（辜胜阻等，2018）。

第五节 推进粤港澳大湾区市场一体化与政策协同的对策建议

推进粤港澳大湾区市场一体化应根据粤港澳发展的现实，着力于解决阻碍市场一体化的根源性问题，充分发挥粤港澳大湾区独一无二的优势，吸收借鉴国际湾区的实践经验，在确保粤港澳区域分工和协同联动的基础上，推进粤港澳大湾区市场一体化。

（一）深化产业分工合作，推动一体化深度融合

深化产业分工合作，培育利益共享产业链，推动一体化深度融合。大湾区内各城市有不同的资源优势与功能定位，要整合各方资源禀赋与产业优势，破解当下粤港澳大湾区建设过程中所面对的城市间产业结构同化的重大难题，构建互相协同且各有侧重的湾区生产网络体系。进一步强化广、深、港核心城市的“头雁”功能，发挥其经济集聚效应与辐射效应，将一部分功能性产业转移到外围城市，构造产业雁阵布局，形成合作有序、体系完备的城市群产业链、市场分工链和技术扩散链。涉及多个城市的协同分工需要顶层的制度安排，因此，建议设立粤港澳大湾区规划领导小组和建设委员会对相关课题进行研究，统一规划布局。

（二）发挥制度差异优势，打造市场协同体系

“一个国家、两种制度、三个关税区、四个核心城市”是粤港澳大湾区最关键的优势，同时也是大湾区融合之难点与痛点所在。这不仅对城市之间的协作能力提出了更高要求，同时也对粤港澳大湾区充分利用其比较优势提出了新要求。在“一国两制”的前提下，积极推进粤港澳法律制度衔接、改善营商环境、探索科技创新合作路径，打造市场协同体系，充分发挥“一二三四”的体制性优势，积极进行制度创新，在教育、科技、卫生、文化、社会保障、社会服务等社会领域“先行先试”各项政策和措施，以“政治两制、经济社会一体”为大方向，在国家赋予的特殊优惠政策和深化经济体制改革的作用力下，辐射、移植、效仿香港有积极效应的经济体制，致力于实现大湾区内经济体制、法律制度和政策体系的全面融汇。

（三）加强基础设施建设，促进要素自由流动

公共基础设施的互联互通是加强要素自由流动、加速大湾区一体化协同发展的必要前提。在这一过程中，建议综合性考量重大交通基础设施建设、管理机制、线网走向，统筹规划区域内的交通系统，进一步优化铁路、高速公路、城市轨道与内河航道等交通网的总体布局。建议以港珠澳大桥为主要通道连接各大城市圈轨道通勤体系，进一步推进交通、口岸、信息通信、边检等设施的整体化建设；精简港澳通关手续，成立健全“1 小时生活圈”，营造内联外通的城市群发展布局。强化信息配套基础设施建设，倡导粤港澳三地信息资源共建共享，规划建设国际性信息网络核心端口，将物联网、大数据库、人工智能、云计算等高新科技嵌入交通管理体系中，为区域内部的生产生活提供便利高效的智能化信息化服务。要充分发挥多港联动效应，不断完善大湾区空港群与海港群的建设，拓展国际业务职能范围并拓宽其覆盖范围，将大湾区构建成世界级海港枢纽以及航运中心。同时，由于粤港澳三地属于不同关税区域，在经济制度、法律体系和行政体系等软设施方面要加快建立大湾区建设协调机构，聚焦破解要素流通的体制机制障碍，畅通人流、物流和信息流等。

（四）完善协调体制机制，破除政策障碍壁垒

在《深化粤港澳合作 推进大湾区建设框架协议》这一顶层制度的设计下，编制“粤港澳大湾区城市群发展规划”，加速规划建设落地实施。根据协议的精神敦促四方每年定期召开磋商会议，相互协商解决大湾区发展中的重大问题和合作事宜。并且，四方每年明确提出的加快粤港澳大湾区建设年度重点指导工作，理应由国家发展改革委征询广东省人民政府和国家有关部门以及香港、澳门特别行政区政府意见达成共识后，形成制度和机制，

共同推动落地实施。通过构建高层次及多层次的协商协调和实施机制，消除三地合作的政策壁垒，大湾区各城市必须在中央政府统一领导和指导下，共同参与协商与规划，做好政策对接与协同，通过扩大开放和体制对接等手段创造条件以消除、解决粤港澳三地彼此之间的政策障碍、市场壁垒和利益矛盾。党的十九大报告、“十三五”规划和习近平总书记在广东考察时的讲话均提出支持港澳融入国家发展大局，同内地深化交流合作，这一内容为粤港澳融合发展，破除体制政策障碍提供了良好契机。

（五）对接国家战略，建设并利用重大合作平台

对接“一带一路”建设窗口，将粤港澳大湾区建设融入“一带一路”建设中，充分发挥湾区内外联动的作用、海陆统筹的关键性基点和枢纽作用，引领区域内各地区协同开放。加快深圳前海、广州南沙、珠海横琴等重大粤港澳合作平台开发建设，充分发挥其在进一步深化改革、扩大开放程度，促进各方合作中的示范和引领作用，并大力推广成功经验。支持港深创新及科技园、中山粤澳全面合作示范区、江门大广海湾经济区等合作平台建构，充分发挥合作平台示范效应作用，推动港澳中小微企业向更广阔的空间发展。推进粤港澳青年创业就业基地建设，加强湾区内部教育合作，整合三方优质教资，鼓励各大知名高校凝聚社会力量、民间资本开展合作办学，搭建跨区域人才沟通交流平台，增设丰富的互访交流项目，完善三地的学分、学历互认机制，倡导青年积极参与跨地区、跨学科的学术交流与研发合作。同时积极完善支持人才流动、住房保障、高端人才落户等相关制度安排，吸引更多国际化、复合型人才向湾区集聚。

第二章　新时代粤港澳大湾区协调发展的驱动力和理论分析

改革开放以来，中国的经济发展水平显著提高，区域经济增长成了中国经济上升时期的重要动力。在香港、澳门回归后，珠三角经济圈与两地的合作日益加强，先是在1980年时，在一些学术讨论会上，有学者提出以珠江口为纽带，联合珠三角9市和香港、澳门2个特别行政区，加强粤港澳三地之间的联系与合作。后来粤港和粤澳分别从1998年和2001年开始，共同设立了以粤港、粤澳合作联席会议为基础的多层次协作治理机制。据现有资料显示，粤港合作联席会议是1998年3月开设，直至2003年形成基本框架，规划形成粤港两地相互合作的格局。澳门回归后的前三年，粤澳之间的协作主要由粤澳高层会晤制度规划管理，做好协调工作，此时粤港澳在地理位置上已经区域相连，多层次合作机制初步形成。后续在2010年《粤港合作框架协议》中进一步加深“粤港澳大湾区”的概念，且在2017年，国家发展改革委和粤港澳三地政府再次签署更深层次的《深化粤港澳合作 推进大湾区建设框架协议》，以及2018年习近平总书记在党的十九大报告中指出，在新的时代下，港澳的发展需同内地发展密切相连，充分支持香港、澳门融入国家发展大局等战略规划，这些无一不引导着粤港澳三地在基础设施、投资贸易、生活服务等方面合作全方位升级。可见，有了政府及相关部门大力支持，其相关建设工作正在层层推进，粤港澳大湾区规划的战略地位日益上升。粤港澳三地协调发展的格局有利于带动泛珠三角地区的发展，并且增强湾区内各个城市的经济实力。

根据广东统计信息网，1994 年的广东省地区生产总值由 4619 亿人民币攀升至 2019 年的 107671.07 亿元，增长约 23 倍，其中珠三角地区经济总量占全省比重的 80.7%，而东翼、西翼地区及北部生态区生产总值占全省比重的 19.3%，如图 2－1 所示。2017 年 3 月，李克强总理在做政府工作报告时提到粤港澳大湾区规划在国家区域发展战略中的重要地位，提出推动内地与港澳地区合作升级，发挥港澳特有优势，制定湾区城市群发展规划。利用地理区位相近的优势，建立极点带动，强市联合并引领周边城市发展的经济格局，由此可优化提升城市群整体的发展，深化粤港澳三地合作。从区域经济总量的占比来看，近几年珠三角区域的经济总量占比逐年提升，珠三角与东翼、西翼及北部生态区的经济总量差值也在不断扩大。在外贸出口、投资消费、外商投资以及第二、第三产业增加值等指标中，珠三角区域占全省比重远超粤东西北地区所占比重，而粤东西北中部分城市的相关指标也在持续保持同比增长的趋势。由此可见，粤港澳大湾区城市群的经济实力和区域竞争力在逐步增强。

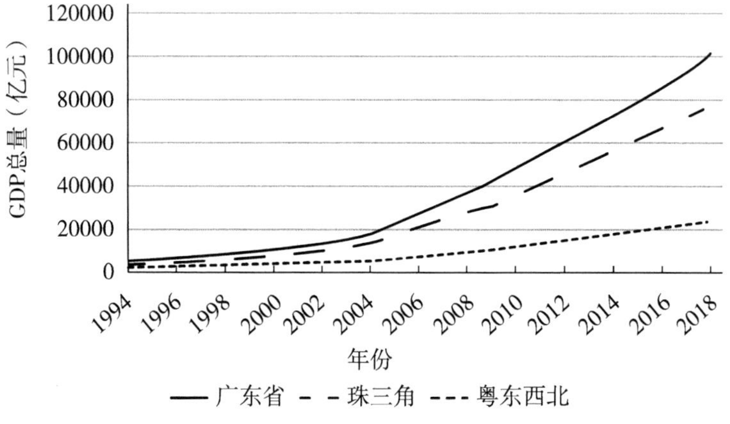

图 2－1　广东省分区域 GDP 增长趋势

资料来源：根据广东省统计年鉴整理。

为了引导粤港澳大湾区整体的协调发展，促进经济增长，政府出台了一系列政策与规划，但是大湾区内各个城市的经济协调发展对政策的响应往往是有差异的。因此不能简单地认为粤港澳大湾区规划对珠三角城市群经济增长与协调发展的驱动作用是非常显著的，主要有以下三个原因。

第一，政策时效的不确定性。国家政府对大湾区合作机制的建设采取了一系列措施，伴随着创新驱动的发展战略，有序推进金融市场互联互通，构建起在全世界具有强大竞争力的现代产业体系。若要充分发挥这项国家战略对大湾区经济发展的推动作用，则需要国家以及各城市政府给予充分稳定的长期支持，但是由于区域个体的差异化，导致增长动力的差异性。以及政策的实施需要实现跨制度、多中心、高流动、连绵化，才能更充分地发挥政策的作用，虽然珠三角 9 市与香港、澳门文化同源、人缘相亲、往来密切、区位相近、风俗相合，合作基础良好，但制度与价值观的差异是展开深度合作道路上需要面对的一项巨大挑战，因此无法确定粤港澳大湾区的设立即是推动珠三角地区经济快速发展的主要因素。

第二，政策驱动的不确定性。大量研究显示，政府政策的实施对于区域经济发展具有促进和抑制的双向作用。一方面，中央会对该地区相关的战略举措加大财政等方面的投入力度，并实施一些税收优惠政策，关注企业与人才的需求，实现更高水平的对外开放格局，在原有良好的资本基础上，加大金融信贷方面的支持可以解决国内投资尚不充足的问题，税收优惠政策也会吸引香港、澳门地区的外商投资以及人才引进，由此创造大量机遇，实现增长驱动效应（刘瑞明等，2015）。另一方面，政策的激励作用需要长久的稳定性和连贯性，否则对经济发展的促进作用会越来越薄弱。从配置效应来看，珠三角地区部分城市科技创新动力不足，环境限制了其消化和吸收技术溢出的能力，人力资本、生产技术及实物资本等生产要素调度效率低下，造成资源错配，易增加建设成本或是造成产业建设水平较低。从结构效应来看，粤港澳大湾区的协同发展需要专业化城市和多样化城市的形成，而部分地区由于存在体制弊端，地方政府追求短期经济猛增而忽略长期可持续发展，依赖资本驱动或能源资源，使得产业结构失衡（李斌等，2019）。

第三，政策推动强度的不确定性。从新经济地理学的角度看，各个地区和城市在发展过程中都会出现“中心—外围”模式，考虑珠三角 9 市的经济社会发展状况的差异，粤港澳大湾区相应政策的经济效应也存在地区和城市行政等级的异质性，因此市场规模的大与小，产业资本的集聚与分散，都或将影响到政策的实际推动强度。根据边际效应递减规律，相对于级别较高的城市，大湾区建设对等级地位较低的城市经济增长的推动作用更大，并且更能够突显出高效的政策执行能力。因此需要对研究样本再分类，根据不同等级的研究对象分别估计大湾区规划对经济驱动的净效应，得出严谨的结论。

那么粤港澳大湾区规划的政策实施是否有效促进湾区城市经济增长？在动态过程中经济增长与协调发展程度又有什么变化？具有个体差异的城市其政策绩效是否显著？政策效应是否具有异质性？其内在机制又是什么？此外，研究新时代的粤港澳大湾区的建设对经济增长的影响机制，不仅有助于找出现有政策实施中存在的不足，为未来大湾区规划提供经验，还能为其他区域发展政策规划的制定和执行提供有益启示，具有重要的现实意义。本章将对粤港澳合作机制的政策效应以及经济增长动力进行系统而严谨的实证研究，并且对其经济发展协调性方面进行详尽的分析，从而给出更加切实有效的促进区域经济增长，推动各城市协调发展的建议。

第一节 研究现状、理论分析与研究假设

（一）研究现状

自“十一五”规划起，国家便提出将城市群规划建设作为推进中国新型城镇化建设的主体形式，在“十三五”规划中再次明确这一目标，并且将在全国范围内建设更多的城市群，并形成多个经济增长极，为区域经济全面发展提供支撑。中国已经形成了规模较大的长三角、珠三角和京津冀三大经济圈，这三大区域的国内生产总值已经占了全国生产总值的50%以上。近年来，香港、澳门与珠三角城市群各方面的合作升级，粤港澳大湾区作为中国首个“大湾区城市群”，《粤港澳大湾区发展规划纲要》中体现出中国区域经济规模从“三角洲经济”转型为“湾区经济”的发展新模式。

在区域经济政策促进地区经济增长的问题中，国内外专家学者对此的评估研究都已具备一定基础。而粤港澳大湾区作为组成了“21世纪海上丝绸之路”不可或缺的重要地区之一，目前对其政策绩效方面的研究较少。国际三大湾区形成时间较早，故国外学者对区域经济政策效应的关注与研究有丰厚的积累，并且相关实证分析与理论基础发展较为完善，研究主要涉及政策的经济收敛性方面，多数研究认为区域经济政策的实施加快了区域经济收敛的速度（Caselli和Coleman，2001），也有学者不赞同这一结论，证明了相反的观点（Boldrin和Canova，2001），还有学者将其拓展到环境政策领域（Galik等，2015）。国外学者对中国区域政策评估的研究较少，目前尚未发现针对粤港澳大湾区建设规划的政策绩效实证分析。而国内关于粤港澳大湾区的研究多以经济协调性、产业协同性、人才流动性以及科技创新性等四个方面深

度解析、层层递进。在社会宏观环境下，从制度、文化以及地理生态环境分析了大湾区经济发展的可行性，并且针对大湾区的不同城市提出了切实可行的改进对策。也有学者从其他方面研究了大湾区的建设能够很大程度提高区域的开放合作程度，加强与其他国家的联系，考虑经济和文化这两个影响全球化的重要原因，分析了美国旧金山湾区与我国经济发展的相互联系及逻辑机理（Volberding，2011），也有研究者表示湾区的开放程度对国家开放程度有正向影响，应从中央层面进行统筹规划，给予政策支持（马忠新等，2016）。以上研究对于推动我国首个高对外开放程度大湾区的经济发展具有重要的理论及实践意义。

目前，长三角、珠三角以及环渤海三大经济圈作为我国经济发展水平靠前的地区，现有文献主要对这三大经济圈的协调发展与经济增长进行研究。一方面，孙洋（2009）的研究认为长三角、珠三角和环渤海三大城市群内各个城市之间的经济增长明显存在着空间效应，并且倾向于是通过空间经济结构，使发展程度较为相似的城市之间存在相互促进经济增长的作用。除此之外，区域是有边界的，行政边界分割了市场，对区域协调发展有阻碍作用，但是各地方政府响应国家的号召，建立起推动区域融合发展的桥梁，则阻碍作用力度便逐渐下降（徐现祥等，2005），也表明需要有更多的合作平台，而粤港澳大湾区建设领导小组的成立、港澳特首被纳入中央决策组织、中央政府的支持，都推动了大湾区的融合发展。中国城市群正在稳步“扩容”的道路上，这将对城市群的经济增长起到正向作用，而不同的机制对原始城市与新进城市的影响大小也是不同的（刘乃全等，2017）。可以看出，为了给各城市群提供良好的合作交流机制，国家政府发挥了至关重要的作用，大力支持并积极投入到区域经济建设中。

另一方面，也有学者认为，根据数据分析的结果显示，珠三角经济圈的区域内经济增长差异并没有显著缩小，不同城市之间的经济总量依然存在显著落差。新古典经济学理论认为，城市群有提高资源配置的优势，带来经济效率的提高，城市群战略的实施是合理的，也是必然的。集聚经济效益就是中小企业集群中的经济外部性，集聚经济效益就是中小企业集群中的经济外部性，即因企业在地域上的集中而导致社会分工深化，企业联系加强和区域资源利用提高所产生的成本节约（Marshall，1890；Krugman，1991；Duranton 和 Puga，2004）。由同一产业的不同企业集聚形成的地方化经济和不同产业之间集聚形成的城市化经济亦是如此（Glaeser 等，1992）。地方化经济和城市化经济统一为“城市群经济”，推动了城市功能的多样性和区域的平衡发展，但当城市规模过大时，容易出现拥挤效应，企业的成本则变得更高，城市集聚而产生的公众流通性差、土地资源减少、生态环境污染等问题造成的负外部性则会影响城市群建设的效率（张学良等，2017）。

根据现有文献，关于对区域政策效果评估的方法已经有了很多种实践，比较经典的像聚束效应、双重差分（DID）法、断点回归（RDD）法、合成控制（SCM）法等。研究关于中部区域战略的政策评估效果中，罗序斌等（2014）研究表明中部崛起战略具有经济激励作用。李斌等（2019）认为现有文献多采用定性分析方法，从梳理经济发展状况，到社会民生保障、科教人才投入及生态环境保护等方面构建综合评价体系对政策效应进行评估。而在定量分析方面，刘乃全和吴友（2017）采取合成控制方法，估计了中国长三角城市群的扩容对扩容后整体城市、未扩容的原有城市和新进城市三种城市群经济增长的作用及影响，并且对上述估计结果使用 PSM－DID 方法分别进行平衡性和稳健性检验，并从内在机制分析得出这项政策对经济联系方面的作用效果是两极分化的。邓文博等（2019）运用 DID 法研究中国区域经济增长不协调的问题，对欠发达地区的经济增长水平进行了政策实施效果的评估，研究结果表明国家相关政策对较落后地区的经济增长促进作用较为明显。因此这个研究方法得出的结论对于政府实施区域协调发展措施具有指导作用。类似地，已有研究往往通过直接对比政策实施前后的地区经济绩效来做出判断，即单差法。刘瑞明等（2015）运用DID法对中央政府推出的西部大开发这一重大区域发展战略进行政策净效应的评估，其认为从理论严谨这方面评价，仅仅依靠单差法的数据结果，无法精确而实际地估计西部大开发战略的政策对于经济增长的净效应。只有当控制住其他影响西部地区经济增长的相关因素，才能够得到有效准确的西部大开发战略的净效应。本章在衡量粤港澳大湾区规划的政策净效应时，也借鉴前人学者的做法，例如郑新业等（2011）在研究“省直管县”政策能否促进经济增长一文中，也是研究政策与经济增长之间关系，以中国的“省直管县”改革作为一次“自然实验”（natural experiment），满足了DID法运用的前提条件。针对传统评估方法的不足，本章将粤港澳大湾区这一国家规划作为自然实验进行研究时，同样使用更加科学严谨的DID法对大湾区相关政策的绩效进行评估。

（二）理论分析与研究假设

国家政策对各地方政府的政治激励作用为整个地区的经济增长带来强大推动力，因此该地区经济变化和协调发展情况也成了评价政策实施“绩效”的一个主要依据。

就区域经济政策影响经济增长趋势的内在机理而言，综合现有研究成果，主要体现在以下几种观点。

第一种观点：对国家统领的区域合作战略的促进作用给予肯定。国家层面的战略指导给予了众多企业与人员的一个利好的信号，可以带动大量的资金和人才流入，并且各地政府也会对相关建设有财政支持的倾斜。即使粤港澳大湾区在政治治理上存在三地制度不一的弊端，在地理位置上大湾区内各个城市有边界壁垒的存在，并且三地发展诉求也不尽相同，导致城市间发展不平衡，但有了国家的统一领导方针，随着“一带一路”倡议的深入实施，坚守“一国”之本、善用“两制”之利，进行有效的战略合作，便可以加快粤港澳大湾区的经济增长并促进协调发展，缩小各城市经济总量发展的差距。

第二种观点：在空间布局上加强互联互通，推荐大中小城市合理分工，充分发挥极点城市的带动作用。根据专业化生产与地区产业发展关系理论，粤港澳大湾区的规划中提出深化产业分工合作，可以产生报酬递增经济，推进产学研深度融合，主要是依托中心城市的先进科研资源优势和高效技术产业基础，支持培养发展战略性新兴产业，推动新一代信息技术、生物技术、智能技术装备等产业壮大。城市群会产生集聚经济效益，相邻的城市也会享受到由集聚效应带来的分工收益和规模效益（Parr，2002；Phelps 和 Ozawa，2003；Burger 和 Meijers，2016）。粤港澳大湾区在珠三角城市群的建设中对各个城市也进行了合理分工，设立重要中心城市，并且使珠海、佛山、惠州、东莞、中山、江门、肇庆等城市各自发挥优势和特点，实现成为优势突出、产业功能完备、竞争力强大的城市群体。以区域集聚效应促使周边城镇共同发展，提高整体城镇化水平。

第三种观点：使城市群发展体系更加完善，对周边城市的辐射范围扩大，推动不同产业体系向高端高增值的方向演变。新经济增长理论认为知识溢出和技术创新是新时期推动经济增长的新助力，亦是规模报酬递增的重要因素。有丰富的研究表明城市间的合作能够促进知识的传播和溢出（Boix 和 Trullén，2007）。不仅如此，城市功能多样化、知识溢出和科技创新，使在地理空间上聚集的各种经济行为增多，出现了人力资本和经济增长的加速累积循环的动态演变过程（吴福象等，2008），基础设施一体化的建设也强化了各城市之间的紧密联系，比如港珠澳大桥，为城市与城市之间的经济活动带来了低成本的共享机会。在全球化的背景下，通过外国直接投资（FDI）发展中国家可以学习吸收发达国家先进技术和企业治理模式。魏守华等（2013）论证了城市群具有单个城市的专业性及多个城市的多样化的联合优点，这将比单个城市更容易聚集吸引 FDI，并且会逐渐向外围城市扩散，促进整体区域的经济增长。城市群发挥着越来越重要的新引擎作用，因此，区域政策会促进各个城市政府之间的相互融合，有利于市场的进一步整合扩大，带来更加合理稳定的发展。

除上述观点外，如何评价粤港澳合作机制的实际政策效应，在没有明确的研究分析指标的情况下，本书将对相关合作建设、政策措施与政府规划等影响进行“量化”，阐述其经济增长的效应、政策动态效应以及不同等级区域的政策效应。纵观全国区域政策对各地区经济增长的效应，中部地区经济发展落后的情况已经有众多学者进行过实证分析，在针对如何解决中部地区发展“塌陷”的问题上，国家也出台了“中部崛起”战略。对于我国西部地区，也有学者研究西部大开发这一中央推出的重要区域发展战略。对于区域发展战略可以肯定的是，短期内，财政支持的力度大大增强，并且中国是以国家指导方针为主的管理模式，因此政策也会刺激本土企业投资以及外商投资的积极性，利用不同区域的地理区位优势，辅以相关政策的引导，提高城镇化水平，基础设施建设水平，推进知识创新与技术研发，可以有效地促进地区经济增长，平衡地区内部的发展差异（李斌等，2019）。

但是，这些政策带来的红利效应可能在短期内在某些方面是有显著成果的，长期来看，政策的时滞性与推动力度可能产生结构和配置方面的不完全契合的反向影响，对地区经济发展有阻碍作用。从大湾区的经济发展历程可以发现，广东省内主要是依托于广州和深圳两座中心城市的国际商贸、综合交通枢纽功能和国际化、创新性城市的引领作用，再依托香港、澳门在国际金融领域的广阔平台，促进经济的多元化发展。然而由于个体的差异性，在部分外围城市中，新一代产业技术发展速度滞后于这几个中心城市，由于竞争劣势导致创新绩效持续衰退，从而加剧城市群创新不均衡，由于城市群创新绩效的非匀质分布（Ferrão 和 Jensen - Butler，1984），出现“强者恒强，弱者恒弱”的两极分化现象，由此产生“虹吸效应”（Cowan 等，2007）。同样，产生配置效应的原因也在于此，科技创新有助于提高资源配置效率（石大千等，2018），粤港澳大湾区内城市群创新资源的非匀质分布，城市群中的中心城市与周边城市的创新发展水平逐渐呈现出不协调、不平衡现象（袁晓玲等，2015），各个城市产业层次发展差异较大，部分小城市的消化和吸收技术溢出的能力较弱，使其科技创新驱动力不足，资本、技术、劳动力等生产要素调度速度有所迟滞，生产成本超出其所能承担的限度，最终经济增长率降低。

基于上述分析，提出如下假设。

假设一：短期内，粤港澳大湾区规划促进地区经济增长。

假设二：长期内，粤港澳大湾区规划的政策效应减弱。

假设三：考虑湾区内各城市自身的异质性，粤港澳大湾区规划对经济增长的促进也有差异。

第二节　研究方法、变量说明与数据来源

粤港澳三地协作治理机制的建立可以看作一项在该区域进行的政策实验。目前关于政策效应评估的方法最普遍使用的有四种：工具变量（IV）法、DID 法、倾向得分匹配（PSM）法以及合成控制（SCM）法，其中 PSM 法有助于解决样本偏差的存在问题（李赉等，2018），DID 法的普遍适用性较高，它允许不可观

测因素存在，并且这些不可观测因素可能会影响到每个实验样本是否被分配到受政策冲击的处理组的界定，因此放宽了理想情况下的政策评估条件，使得双重差分法对政策绩效估计的应用更贴合于现实情况，根据这些特点，为了更加真实的评估，本书选择DID法为主要检验方法，通过双重差分解决内生性问题而分离出“政策处理效应”。

下文首先对DID法进行详细介绍，并根据所设模型对各个变量和样本数据加以界定与说明。

（一）研究设计

为了使粤港澳大湾区沟通与合作的相关事项处理得更加便捷有效，粤港、粤澳分别在1998年和2001年搭建了以粤港合作联席会议、粤澳合作联席会议为基础的多层次协作治理机制。这是粤港澳大湾区从政治层面开始战略合作的一个重要标志，也是推进港澳与珠三角9市常态化沟通、逐步走向经济大融合的重要一步，带有很强的政治色彩。和其他评估政策效果的研究一样，粤港澳地区的这项国家战略可以看作是一项自然实验。本研究需要比较协作治理机制开始前后经济增长的情况，也就是以2001年作为政策开始实施的时间点，根据数据分析检验出政策对大湾区城市群经济发展是否具有显著推动作用。

研究粤港澳大湾区的协作建设对区域经济增长的影响作用，可以通过比较该区域在实施大湾区相关政策措施之前以及实施相关政策措施之后的两个时期经济增长差异，进而判断出该项政策对经济增长的作用，这种方法叫作单差法。虽然这种方法看似简洁方便，但是它得出的结论可能是不准确的。粤港澳大湾区在初期出台相关政策的同时，还存在很多其他因素可能导致经济的发展变化，此外，政府在同一时期执行的其他措施也可能使得那些未纳入大湾区的城市获得经济上的发展。因此，一个区域的经济增长不仅受宏观经济因素，也会受到气候、自然灾害等因素影响（郑新业等，2011），这些不确定因素都将会对实际经济状况造成显著影响，从而导致对粤港澳大湾区内相关政策的经济效应有较大的估计误差，影响所研究的政策评价结果。最早提出使用双重差分法对社会公共政策的实施效应进行评估的是国外学者 Heckman 等（1998），后续对该方法的研究和应用成果的数量与日俱增。因此，本研究使用更为科学的双重差分方法对粤港澳大湾区实施的政策经济效应进行评价。

在双重差分模型的设计上，本研究选取广东省 21 个市级地区、时间跨度为 1994 年至 2013 年的面板数据样本。研究设计为粤港澳大湾区内的珠三角城市群，分别为广州市、深圳市、珠海市、佛山市、惠州市、东莞市、中山市、江门市、肇庆市，构成这项自然实验的处理组（$du=1$），广东省内剩余城市为非大湾区规划城市，构成控制组（$du=0$）。根据前文的分析，将 2001 年作为政策实施的时间点，再将 21 个城市划分为政策实施前（$dt=0$）处理组，政策实施后（$dt=1$）处理组，政策实施前对照组和政策实施后对照组。基于其他学者的模型设定，构造下方基准计量模型来实现双重差分，衡量粤港澳大湾区协作治理机制对区域经济增长的净效应。用式（2－1）表示

$$Y_{it} = \beta_0 + \beta_1 DID_{it} + \beta_2 \mathrm{d}t + \beta_3 \mathrm{d}u + \alpha X_{it} + \mu_i + \lambda_t + \varepsilon_{it} \tag{2-1}$$

式中：Y_{it} 为被解释变量，本研究选取了夜间灯光平均亮度这个指标来衡量地区经济增长；DID_{it} 为处理变量，是 dt 和 du 的交互项；下标 i 和 t 分别表示第 i 个城市和第 t 年；λ_t 代表时间固定效应；μ_i 代表城市个体固定效应；ε_{it} 代表随机扰动项；X_{it} 为其他控制变量，包括产业结构、政府规模、固定资产投资水平、工业化水平、第三产业水平、人力资本、外商直接投资水平、人口密度。对于上述模型，系数 β_1 的估计值是我们关心的重点，它度量了粤港澳大

湾区规划的实施对地区经济增长的政策效应。如果这一规划实施的确推动了大湾区经济增长，那么 β_1 的系数应该显著为正。

表 2－1 直观表示了 DID 法模型中主要参数的含义。

表 2－1　DID 法模型中主要参数的含义

	政策实施前 $dt=0$	政策实施后 $dt=1$	差异
珠三角 9 市（处理组 $du=1$）	$\beta_0+\beta_3$	$\beta_0+\beta_1+\beta_2+\beta_3$	$\Delta Y_1=\beta_1+\beta_2$
其他地区（控制组 $du=0$）	β_0	$\beta_0+\beta_2$	$\Delta Y_0=\beta_2$
DID			$\Delta\Delta Y=\beta_1$

资料来源：作者计算整理。

（二）变量说明和描述性统计

本研究重点考察粤港澳大湾区相关政策的实施对珠三角城市群经济增长的作用与动态效应，并对粤港澳大湾区采取的相关政策措施推动经济增长的地区差异性进行分析检验。除政策因素之外，考虑到其他经济因素也会影响地区经济发展，本研究引入了其他控制变量，详细的变量设置如表 2－2 所示。

（1）被解释变量。关于研究区域经济增长情况的指标，多数文献是按照地区实际 GDP、人均 GDP 的对数值和实际 GDP 增长率作为被解释变量，但是这些数据可能出现人工失误或是统计方法与标准的不完全一致，从而导致数据误差。且在响应政策的初期，由于体制弊端和绩效考察，各级地方政府过度追求 GDP 增长而忽略一些现实情况，这种“唯 GDP”式的数据不能很准确地估计经济增量，促使地方经济发展更多依靠自身原有的能源和资源的消耗，不利于长期可持续发展，不能真实反映出地区经济发展水平。因此，本研究选择更加客观且具有技术含量的数据样本夜间灯光平均亮度（*SUM*），作为 GDP 增长率的代理变量（Hodler

和 Raschky，2014），避免 GDP 统计核算的不足，减小测量误差。

表 2－2 主要变量及其计算方式

变量		变量符号	含义
被解释变量	夜间灯光平均亮度	*SUM*	DN 总值/栅格数
核心解释变量	交互项	*DID*	政策虚拟变量（0，1）
控制变量	固定资产投资水平	*Far*	固定资产投资额占地区 GDP 的比重
	工业化水平	*Ind*	第二产业增加值占地区 GDP 的比重
	第三产业水平	*Ser*	第三产业增加值占地区 GDP 的比重
	外商直接投资水平	*FDI*	实际利用外商金额占地区 GDP 的比重
	产业结构	*Indu*	第二产业就业人数占第三产业就业人数的比重
	人口密度	*Pop*	（总人口/平方千米）×100
	人力资本	*Hc*	高等教育在校学生数占年末总人口的比重
	政府规模	*Gov*	地方财政一般预算支出占地区 GDP 的比重

资料来源：作者计算整理。

近几年来，美国国家海洋和大气管理局（NOAA）发布的夜间灯光数据被大量经济学类文献采用作为度量地区经济绩效的有效指标（王贤彬等，2017），该数据是由在外太空的美国空军气象卫星 DMSP/OLS 传感器检测到的地球不同地区在晚间 8：30—10：00 的灯光亮度，消除了云、月光及火光等偶然因素影响，还可能存在传感器设定不一或是老化导致的不同年份数据不具有可比性的影响因素，因此本研究使用 DMSP 稳定灯光数据，利用 ArcGIS 软件进行栅格数据提取，并且借鉴 Liu 等（2012）和曹子阳等（2015）的做法，对灯光数据进行内部校准，降低测量误差。夜间灯光是对人类活动监测的最直观指标，不仅有不因价格因素差异而影响的优势，而且数据包括了 GDP 测算的市场经济的商品和服务，以及非市场提供的商品和服务的价值量（Sutton 和 Costanza，2002），直观反映了经济发展实况，通过观察修正过后的中国地区数据，可以发现，我国长三角地区以及珠三角地区夜间灯光亮度最大，中部地区较弱，西部最弱，并且灯光亮度的差距远远大于各区域 GDP 总量的差距。这些很符合中国的经济发展的现实状况，因此用灯光数据具有合理性。

（2）核心解释变量。为了使表达更直观，将前文基准模型中的 dt 和 du 两个变量替换为 $city_{it}$ 和 $year_{it}$ 两个虚拟变量。变量 $city_{it}$ 用来区别处理组与对照组的城市，取值为 1 代表该城市是湾区城市，取值为 0 代表该城市为非湾区城市；用变量 $year_{it}$ 反应改革的时间变化，政策实施以后的年份取值为 1，以前年份取值为 0。为检验改革的效果，设立核心解释变量交互项（DID_{it}），它是变量 $city_{it}$ 与 $year_{it}$ 的交叉项，核心解释变量的取值情况是当该变量取 1 时，即 $city_{it}$ 与 $year_{it}$ 都取 1，表示受政策影响的处理组，否则为 0。其系数为政策处理效应，衡量粤港澳大湾区规划对经济增长的影响。

（3）控制变量。为了使模型的偏差降低，需要控制其他可观测因素，本研究选取了一系列控制变量。在中国的经济发展中，政府扮演着非常重要的角色，因此，按照以往文献的做法，使用“地方政府预算内支出占地区生产总值的比重”计算得到政府规模（*Gov*），用以衡量政府支持对经济发展的作用。而粤港澳大湾区作为一个国际贸易往来频繁的开放性平台，实际利用外资金额与区域经济增长相关，所以用“地区实际利用外商直接投资占地区国内生产总值的比重”来估计外商直接投资水平（*FDI*），地区实际利用外资投资数额的原始数据单位为美元，本研究通过各年中间汇率进行了相应换算。中国的经济发展伴随着地区产业结构的更新换代，产业结构（*Indu*）的合理化和高级化进程均对经济增长具有明显的影响（干春晖等，2011）。本研究的做法是用

"第二产业就业人数占第三产业就业人数的比重"来衡量产业结构。不同产业发展会对经济增长产生不一样的影响，因此本研究采用"地区第二产业增加值占地区国内生产总值比重"和"地区第三产业增加值占地区国内生产总值比重"计算得到工业化水平（*Ind*）和第三产业水平（*Ser*）。固定资产投资作为衡量全社会固定资产投资规模的重要参数，所以也使用了固定资产投资水平（*Far*）这一指标。人力资本对经济增长也是极具优势的，本研究计算"高等教育在校学生数占年末总人口的比重"来度量高等教育水平的人力资本（*Hc*）。此外，人口密度（*Pop*）影响经济集聚水平与增长速度（章元等，2008），本研究将采用每平方千米人口数来度量。各变量的描述性统计结果见表2-3。

表2-3 主要变量描述性统计

变量名称	最大值	最小值	均值	标准差	样本容量
			处理组		
SUM	56.996	1.864	28.376	17.725	179
Indu	195.340	6.600	43.241	42.314	179
Far	63.155	9.507	30.160	11.428	179
FDI	47.627	1.516	10.720	8.104	179
Gov	15.160	4.100	8.275	2.681	179
Ind	539.366	25.168	53.770	37.308	179
Ser	64.616	3.590	40.753	8.386	179
Hc	44.172	0.000	2.791	5.821	179
Pop	1554.680	223.000	628.693	294.247	179
			控制组		
SUM	29.240	0.737	5.834	6.265	240
Indu	80.100	7.000	23.898	19.279	240
Far	117.089	9.959	33.607	19.042	240
FDI	29.371	0.130	4.604	4.675	240

续表

变量名称	最大值	最小值	均值	标准差	样本容量
			控制组		
Gov	25.786	1.344	10.136	4.397	240
Ind	63.151	22.500	42.205	8.091	240
Ser	45.653	21.430	34.246	5.210	240
Hc	5.440	0.000	0.349	0.625	240
Pop	2616.230	156.000	625.069	577.734	240

资料来源：由作者依据 Stata16.0 软件统计结果整理。

由表 2-3 可以发现处理组的夜间灯光平均亮度、产业结构、外商直接投资水平、工业化水平、第三产业水平、人力资本以及人口密度这几个指标平均值都比控制组要高，固定资产投资水平以及政府财政支持水平则控制组均值更高，并且前面几项数据的最高值也都是处理组更大一些，尤其是产业结构、外商直接投资水平以及人力资本这几个指标，处理组的城市远远超过控制组城市的水平。

（三）样本选择与数据来源

由于香港和澳门数据部分缺失，以及两地数据测算方式与内地有差异，为更好地衡量大湾区内大部分城市的经济发展实况，也为了包揽更多的样本数据，故本研究所用数据样本为广东省 21 个市级地区 1994—2013 年的面板数据。之所以将样本的区间确定为 1994—2013 年，基于三个原因：第一，介于数据的可得性。经过深入细致的数据收集，1994 年之前关于全国各市相关指标的数据严重缺失，并且早期记录的数据，存在不同城市统计口径不一致，明显发现某些指标前后差异较大，真实性与准确性较低。第二，本研究采用夜间灯光平均亮度作为被解释变量，取代常用的 GDP 增长率。虽然灯光数据目前仅更新至 2013 年，但它衡量经济增长的精确度远远高于 GDP 指标，因此样本数据的区间设定为 1994—2013 年；第三，在国家层面，随着港澳地区陆续回归，与珠三角地区关联性增强，本研究在选取时间区间时结合上述几方面来综合考量，更有效地评估粤港澳协作治理机制对湾区内大多数城市的经济增长的作用，在机制建立的关键节点前后保持一定时间带宽，以便后续进行动态效应的检验，也可以更真实地反映政策效果。

夜间灯光平均亮度数据来源于 ScienceDirect，Springer 等数据库，其余所有原始数据都来源于各年《中国城市统计年鉴》等。

第三节　实证结果解析

本节实证分析思路如下：①运用 DID 法检验粤港澳大湾区规划实施对经济增长产生的影响；②继续使用 DID 法对粤港澳大湾区规划的动态效应进行验证分析；③异质性分析；④对模型使用的方法进行适用性检验。

通过上述思路可以估计粤港澳大湾区建设对经济的净效应，分析在不同时期，相关政策对区域经济增长的效应是否显著，以及每年影响程度是否相同，是否缩小了中心地区与非中心地区的经济发展差距，推动了湾区内的经济发展更加平衡，并且对本章第一节提出的假设一、假设二与假设三进行验证。

（一）粤港澳协作治理机制的经济效应

首先，估计粤港澳协作治理机制的设立对湾区内城市群经济增长的直接影响。由于粤港澳大湾区规划为广东省的 21 个市级地区的选择中表现出差异化的特点，提供了一个独特的“准自然实验”机会，接下来运用 DID 法来评估粤港澳大湾区规划对地区经济增长的净效应。

其次，为了增加实证分析的严谨性，避免伪回归，本章预先对所有变量序列进行平稳性检验，得出该模型的所有变量都是平稳的，意味着可以进行后续的回归。接下来对回归模型进行了选择和检验，得到的结论是，在选择混合回归还是固定效应（FE）模型的过程中发现 FE 可以进行更准确的估计；在固定效应与随机效应二者中发现依然使用固定效应模型为最优选择，除此之外，检验强烈拒绝“无时间效应”的原假设，因此在固定效应模型中加入时间固定效应，即双向固定效应模型。最后，进行回归的结果如表 2-4 所示。表 2-4 中，（1）列是未加入控制变量的估计结果，（2）、（3）列是混合回归和随机效应模型的估计结果，（4）、（5）列是固定效应模型的估计结果。

表 2-4　粤港澳大湾区协作治理机制对经济发展的作用

参数	(1) OLS 模型	(2) 混合 OLS 模型	(3) RE 模型	(4) FE 模型	(5) FE 模型
	SUM	*SUM*	*SUM*	*SUM*	*SUM*
DID	4.5965**	6.337684**	6.337684***	6.33176***	2.8717***
	(1.1742)	(2.411466)	(0.832514)	(0.86551)	(0.3159)
Far		-0.0700474	-0.070047***	-0.07427***	-0.0065
		(0.069355)	(0.017699)	(0.020268)	(0.0047)
Indu		-0.096126	-0.096126***	-0.10893***	-0.0025
		(0.063158)	(0.010803)	(0.01467)	(0.0047)
FDI		0.0146716	0.0146716	-0.015593	-0.152***
		(0.209244)	(0.087202)	(0.09366)	(0.0255)
Gov		0.6506314	0.650631***	0.696433***	-0.2864***
		(0.475448)	(0.174313)	(0.18566)	(0.0466)
Ind		0.0666558*	0.066656***	0.070689***	0.0024**
		(0.036859)	(0.019841)	(0.02055)	(0.001)
Pop		0.0152381***	0.015238***	0.015336***	0.0019*
		(0.004115)	(0.00075)	(0.00075)	(0.01)
Stu		0.246495	0.246495***	0.294484***	-0.007
		(0.267534)	(0.033387)	(0.04065)	(0.0229)

续表

参数	(1) OLS 模型	(2) 混合 OLS 模型	(3) RE 模型	(4) FE 模型	(5) FE 模型
	SUM	*SUM*	*SUM*	*SUM*	*SUM*
Ser		0.3499336	0.349934***	0.3852797**	-0.0717***
		(0.298222)	(0.129914)	(0.13922)	(0.0198)
常数项	4.4983**	-16.75815**	-16.75815***	-21.9183***	7.4524***
	(0.5647)	(7.693192)	(3.331612)	(3.88568)	(1.0332)
时间效应	NO	NO	NO	NO	YES
地区效应	NO	NO	NO	YES	YES
样本容量	420	420	420	420	420
R^2	0.4613	0.696	0.696	0.6637	0.9956
F 值	50.25	116.29	—	1460.24	2928.64

注：①***、**与*分别表示系数估计在1%、5%以及10%水平上显著。
②括号内是以地区为聚类变量的聚类稳健标准误。

资料来源：由作者依据Stata16.0软件回归结果整理。

根据表2-4，可以发现每一列模型的交互项DID系数都非常显著，并且在加入一系列控制变量后的结果依然显示粤港澳大湾区协作治理机制推动了该区域经济的增长。足以说明粤港澳大湾区协作治理机制的设立对区域经济增长的促进作用非常明显，政策发挥了有效成果。根据模型的选择结果以及前文基准模型的设定，这里选择控制了时间和地区效应的双向固定效应模型（5）进行主要分析。控制变量的回归结果表明，外商直接投资对地区经济增长有一定负面影响，主要原因可能在于粤港澳三地合作机制初步形成，*FDI* 对政策的变动具有较强的敏感性，若政府无法保证政策的持续性和稳定性，提供有力保障，那么外商投资行为不会对区域经济增长产生显著的促进作用（单东方，2020）。政府大规模的投入对经济增长也有显著的负面影响，不仅不利于市场资源的自由配置，还会造成资源浪费，并且政府管辖的事项越全面，越无法有效刺激市场经济行为的活跃程度。*Ind* 系数显著为正，有助于促进区域经济增长，加大工业产业的发展，有助于推动产业升级和我国城市的崛起，有利于实体经济的发展。研究显示人口密度也对经济增长有一定的正向作用，人口规模大的地区意味着会有更加全面的基础设施建设，发展便捷而密集的公共交通网络，可以更好地提高劳动力的生产效率。第三产业水平对经济有一定的负面影响，说明在这个时期内有较多地区尚未实现制造业的转型与更新换代，产业结构主要以劳动密集型企业为主，因此第三产业的发展在经济增长中存在“滞后效应”。本章第一节中提出的假设一得以验证，粤港澳大湾区协作治理机制对地区经济增长具有显著的促进作用。长远来看，政策的效应可能会发生变化，接下来将对粤港澳大湾区相关政策实施的动态效应进行检验。

（二）不同时期的影响：动态政策效应

区域政策效果的优劣会受到一系列配套政策实施和地方政府执行程度等因素的影响而发生改变。通过刘瑞明等（2015）研究结论可知，西部大开发战略对区域经济增长的影响可能是随着时间而变得显著，因为前期政策实施的程度可能不够完善，随着时间变化，地方政府对区域战略各个方面的认知与实践逐渐加强，相关政策措施得以顺利执行，所以西部大开发战略的政策效应逐渐显现。而在李斌等（2019）的研究结论中，区域政策对经济产生的激励作用可能是短期的，长期则发现政策的促进作用变得越来越弱，直到对经济增长的影响不显著，于是很有必要进行动态效应的检验，有助于观测到不同时期样本所受影响的显著性大小，也可以看到精确到各个时点的个体所受影响的显著性大小。

在进行粤港澳大湾区协作治理机制的政策绩效的分析中，基于上述思路，对政策效果进行动态性分析，结果见表2－5，可以更准确的得知每个时期的政策影响，实行多年的政策改革是否一直有效地促进经济发展，以及这种影响是否稳定，假设二可以得到验证。

表 2-5 动态效应估计结果

参数	(1) OLS 模型	(2) 混合 OLS 模型	(3) RE 模型	(4) FE 模型	(5) FE 模型	(6) FE 模型	(7) FE 模型
	SUM	*SUM*	*SUM*	*SUM*	*SUM*	*SUM*	*SUM*
DID×2001	2.8717***	1.7296***	1.7237***	1.7188***	1.7127***	1.7095***	1.7045***
	(0.3158)	(0.4389)	(0.4340)	(0.4327)	(0.4333)	(0.4341)	(0.4351)
DID×2003		1.55735***	0.9357*	0.9604*	0.9499*	0.9448*	0.9343*
		(0.3878)	(0.5012)	(0.4981)	(0.5000)	(0.5011)	(0.5031)
DID×2005			0.7777*	0.1508	0.1476	0.1495	0.1534
			(0.4139)	(0.4255)	(0.4269)	(0.4274)	(0.4285)
DID×2007				0.8278**	1.2689***	1.2682***	1.2649***
				(0.3255)	(0.4288)	(0.4293)	(0.4296)
DID×2009					-0.6292	-0.1357	-0.2353
					(0.4435)	(0.6137)	(0.5128)
DID×2011						-0.6232	-0.5576
						(0.5834)	(0.5624)
DID×2013							-0.3659
							(0.7301)
时间效应	YES	YES	YES	YES	YES	YES	YES
地区效应	YES	YES	YES	YES	YES	YES	YES
样本容量	420	420	420	420	420	420	420
R^2	0.9956	0.9957	0.9958	0.9958	0.9958	0.9959	0.9959

注：①***、**与*分别表示系数估计在1%、5%以及10%水平上显著。
②括号内是以地区为聚类变量的聚类稳健标准误。

资料来源：由作者依据Stata16.0软件回归结果整理。

以政策实施的第一年为第一期，两年的时间为一间隔来估计政策的绩效。在表2-5中，政策刚开始实施的第一年，估计的绩效系数为正，是最大的，也非常显著，表明此时政策的效果达到了最优。在第二期的估计结果中，发现系数较第一期减小，此时显著性依旧很强。在对第三期进行测量时，系数减小得更多了，并且显著性降低，第四期时，变化已经很小了，系数接近第三期系数，显著性也比第一期与第二期降低了，说明此时政策实施对经济增长的激励效果已经减弱并趋于平缓，在2007年时依旧是正向的促进作用。在第五期的回归模型中，系数已经由正转为负，在最后三期即2009—2013年，政策对经济增长的效应为负，并且在统计上不显著。这是由于政策实施没有得到政府长期稳定的护航，没有合理恰当的支持力度，没有统一完善的法律体系和制度保障，各部门办事效率低下使政策的优势逐渐减小，并且部分落后城市可能由于劳动力素质不高不利于吸收技术溢出，或是要素价格可能会因为政府过度管制的影响而扭曲，从而抑制先进地区的技术溢出（李永等，2013），得不到可持续发展的动力。长期发现，由于在创新技术、教育科研等方面的投入比较滞后，没有形成良好的资本积累，投入再多也无法取得相应的产出，事半功倍，还需解决在实施过程中出现的新困难，导致政策的推进愈发缓慢，由此可以验证假设二，在政策实施的前几年，其经济效应是正向并且显著的，但是更久时间之后，经济活动的活跃程度减弱，便出现了抑制作用或是不显著的情况。

（三）不同区域的效应：异质性分析

近年来，我国从西部大开发、中部城市崛起等战略的实施，到推动长江经济带等区域发展的重大战略稳步推进，说明政府一直致力于促进区域经济的平衡发展，主要以中国特色社会主义制度为保障，引导各地区融合发展，实现合作共赢。各区域发展不平衡的原因在于存在发达与欠发达的城市，而区分两者的标准则是从对比中产生的，欠发达地区的含义被认为是发展不充分或是发展程度低的地区，如何确定欠发达地区，随着时代的发展，其内容和方法也在不断更新（杨伟民，1997），资料上公开的城市名单也经历了数次变动。

2017 年《政府工作报告》中，对粤港澳大湾区的合作内容提出了更全面的要求，其纲领性文件中基本原则提出要协调发展，统筹兼顾。所谓协调发展，即积极引导各地区发挥自身的比较优势，空间上对区域的功能性进行布局优化，统筹兼顾则是加强政策协调与规划连接，使区域城乡差距渐渐缩小，促进地区整体更强大地发展。珠三角经济圈作为我国最发达的三大经济圈之一，依旧存在一部分相比较而言欠发达的地区，城市差异化较大，要实现协调发展，就要完善城市群发展体系，促进这部分欠发达地区的经济增长，提高城镇化水平，促进城市群内各城市之间充分发挥空间作用。有研究证明，城市群在聚集要素和资源的过程中，受人口密度、产业结构和科学技术等因素的影响，逐渐形成了“中心—外围”的空间布局，中心城市通过虹吸效应或涓滴效应对周围城市辐射并产生重要影响。由于个体异质性的存在，不同发展等级的城市的交流与合作可能造成两种效果，一种是通过中心城市引来大量创新资源与生产要素聚集，空间承载能力有限，从而向周边城市溢出，驱动周边欠发达城市发展，提高城市群整体的经济增长；另一种是由于政治等因素与经济实力的不对等，导致双方话语权的重量级别不同，在分配中则表现为利益的分配更有利于经济发展水平较高的地区，虽然在生产增量上欠发达地区也有所提升，但由于自身存在能力、资金不足等劣势，在更长期则会导致资源的枯竭，增长的后继乏力。

为了使珠三角城市群整体经济都能够显著增长，缓解区域发展不平衡的现状，国家部署了对粤港澳城市群的战略，以香港、澳门、广州、深圳四个经济水平领先城市作为重要引擎，继续发挥各项优势，保持优化提升的同时带动周边城市发展，促进经济共同增长。其余城市积极迎合政策的规划指引，根据不同特色与功能发挥自身优势，弥补落后短板，提高城市群的发展质量。为了验证假设三，对不同级别城市的经济增长分别在多大程度上受粤港澳大湾区相关政策的影响进行评估，来判断粤港澳大湾区的各项规划措施是否会因为城市的级别、发展程度等差异而产生不同的效应。

我国最早采用的 GDP 核算体系是苏联的体系，现在是按照《中国国民经济核算体系（2002）》核算，已经得到了很大的完善，虽然由于一些历史和现实的原因，中国 GDP 的数据统计还有一些缺陷（徐康宁等，2015），但是依照国际社会的惯例，GDP 是衡量国家或地区经济发展程度的最普遍做法。有研究表明我国四个不同等级收入地区——低等、中下等、中上等、高等收入地区的分类便是由地区人均GDP与全国人均GDP的比值划分的（胡鞍钢，1994），因此在各式指标体系中人均GDP仍然是最核心的指标（邓文博等，2019）。本书中也以GDP为主要判定指标来界定不同等级地区的研究样本。

本研究将大湾区内城市的综合实力结合GDP排名进行样本的分层处理。第一层为湾区内的发达城市：广州、深圳，以及香港、澳门，其中香港与澳门样本数据不充分，故不纳入模型中；第二层为发展较快的新一线城市与二线城市，将东莞、佛山、惠州、中山、珠海划分为一个整体；剩余发展较慢的城市作为第三层。一共三个子样本，建立三个DID模型，分别对它们进行不加入控制变量的OLS回归以及加入控制变量的双FE回归，进行政策净效应的评估，探讨粤港澳大湾区规划的实施效果对不同级别城市的经济影响有何差异。

第一层样本回归模型（1）：

$$Y_{1t} = \beta_0 + \beta_{11} DID_{1t} + \alpha X_{1t} + \mu_1 + \lambda_t + \varepsilon_{1t} \qquad (2-2)$$

第二层样本回归模型（2）：

$$Y_{2t} = \beta_0 + \beta_{12} DID_{2t} + \alpha X_{2t} + \mu_2 + \lambda_t + \varepsilon_{2t} \qquad (2-3)$$

第三层样本回归模型（3）：

$$Y_{3t} = \beta_0 + \beta_{13} DID_{3t} + \alpha X_{3t} + \mu_3 + \lambda_t + \varepsilon_{3t} \qquad (2-4)$$

其中，系数β_{11}，β_{12}，β_{13}是我们关注的重点，代表政策的净绩效，含义为政策的实施对三层样本的经济效应。其余变量的设定与式（2-1）中一致。估计结果见表2-6。

表2-6　子样本政策效应估计

参数	(1) OLS模型	(1) FE模型	(2) OLS模型	(2) FE模型	(3) OLS模型	(3) FE模型
	SUM	*SUM*	*SUM*	*SUM*	*SUM*	*SUM*
DID	4.897657***	2.636043***	6.252747***	5.339333***	0.154805	1.040836***
	(0.526165)	(0.509689)	(1.302803)	(0.4349182)	(0.7713598)	(0.211219)

续表

参数	(1) OLS 模型	(1) FE 模型	(2) OLS 模型	(2) FE 模型	(3) OLS 模型	(3) FE 模型
	SUM	*SUM*	*SUM*	*SUM*	*SUM*	*SUM*
Indu		-0.003969		-0.005972 ***		-0.0019549
		(0.002644)		(0.001985)		(0.002037)
Far		0.0005829		-0.0045434		-0.0013478
		(0.00284)		(0.004824)		(0.002301)
FDI		-0.115763 ***		-0.0780404 ***		-0.072828 ***
		(0.0197153)		(0.019941)		(0.013957)
Gov		-0.081873 ***		-0.299521 ***		-0.030348
		(0.031708)		(0.048564)		(0.021411)
Ind		-0.0019724		0.0007223		0.0199452 **
		(0.012442)		(0.0007867)		(0.00933)
Pop		0.003991 ***		0.0056145 ***		0.007805 ***
		(0.000998)		(0.001299)		(0.00092)
Ser		-0.056776 ***		-0.046702 **		-0.040677 ***
		(0.020405)		(0.0208629)		(0.013279)
Stu		0.0809695 *		-0.0278603		0.0462469
		(0.047343)		(0.0221083)		(0.043729)
常数项	4.498306 ***	3.454801 ***	4.498306 ***	15.37852 ***	4.498306 **	7.436108 ***
	(1.540637)	(0.97123)	(1.528815)	(3.604031)	(1.540637)	(2.526435)
时间效应	NO	YES	NO	YES	NO	YES
地区效应	NO	YES	NO	YES	NO	YES
样本容量	280	280	340	340	280	280
R^2	0.6925	0.9981	0.6474	0.9961	0.0285	0.9945
F 值	—	2739.32	22.16	5133.09	—	945.09

注：①***、**与*分别表示系数估计在1%、5%以及10%水平上显著。
②括号内是以地区为聚类变量的聚类稳健标准误。

资料来源：由作者依据Stata16.0软件回归结果整理。

为了使结论更加严谨，这里与前文保持一致对固定效应模型的结果进行分析。从表2-6中可以发现，交互项DID的三个系数都显著为正，说明政策的实施对城市群的经济增长有显著的促进作用，除此之外可以发现，不同层次的城市回归的系数大小不同，这也验证了假设三，由于城市个体的异质性，使粤港澳大湾区的政策效果也是有差异的。政策效应最大的应该是第二层的城市，这些城市虽然没有大量高水平的生产要素、先进的科技创新资源、各类体量庞大的企业总部和顶尖的商贸中心，但是它们的基础设施与交通条件足以跟得上生产要素的生产水平，还可以吸收中心城市的技术溢出，学习并运用大量已经成熟的科学技术，获得生产效率的加速提高，而且与中心城市相比较，这些城市有成本更低的土地与劳动力，有更多的发展空间，更多的闲置资源可以利用，吸引大量企业来这里建厂投资，扩大市场规模，促进消费增加，产业结构逐渐优化，人们受教育水平得以提升，基础设施建设越来越完备，对外的交流与合作也变得更多，循环往复积累大量资本，最终与第一层城市的差距逐渐缩小，所以对经济增长的贡献最为明显。第一层的中心城市无法运用第二层城市的做法，因为它们自身经济基础已经达到较高水平，根据边际效用递减法则，即使投入再多的新要素，到达一定的产值后，生产增量便会减少，比起第二层的城市，它们的发展空间要小很多，所以要推动经济增长，要给予更加开放的政策激励，鼓励其向外拓展，在更高平台上进行交流学习与合作，才能够为经济增长带来新动力。而政策对经济增长的促进作用最弱的是第三层城市，因为这些城市的经济实力弱于前两层城市，产业结构较为落后，科学文化水平、基础设施建设也无法与第二层城市相比拟，对政策的反应灵敏度也比较低，所以粤港澳大湾区规划的政策实施对非中心城市经济增长的推动作用可能存在滞后性。伴随大湾区相关政策的落实，配套制度逐步完善，以及地方政府对粤港澳大湾区合作机制的认知和实践能力逐渐加强，就会有更加明显的经济增长。本研究对不同等级城市的政策效应进行检验，发现个体的差异的确会影响政策效果的强度，从对结果的分析中得知，要促进区域整体经济增长的平衡，需要因地制宜，对不同地区各有侧重，支持发挥自身优势，加强互动合作，形成功能互补，多元发展的城市群。

（四）检验适用性

DID 法目前是在学术界研究政策绩效的评估最广泛使用的方法之一，回归估计的结果简单有效，可以直观地估计政策处理效应。在香港与澳门陆续回归后，粤港澳三地联系密切，在政府的引导下三地之间合作机制的形成，以此为一项自然实验，运用 DID 法进行评估之前，还需要满足五个基本假设，大致可以分为两类，一类是同质性假设，另一类是随机性假设（陈林等，2015）。接下来将检验上述实证分析是否适用于 DID 法。

1. 平行趋势检验

这个假设的含义为即使没有政策变化，处理组和控制组的时间趋势是一样的，也就是说在政策实施之前，本书所研究的经济增长代理变量，夜间灯光平均亮度的变化趋势是平行的，两组的各方面几乎是同质的。这里采取的方法是先在模型中生成政策实施前 1994—2000 年每年一个的虚拟变量，再将这些虚拟变量与是否受到政策处理的个体虚拟变量交互，就产生了政策实施前的年份处理效应交互项，最后与原交互项 DID 一同放入固定效应模型中，如果回归结果显示 DID 变量的系数仍然显著，而那些年份的交互项系数并不显著，则证明在政策实施前的处理组与控制组的趋势是相同的。经过检验，发现回归的结果确实表明它们存在平行趋势，如图 2－2 所示。

2. 随机性检验

首先，对样本分组的随机性进行检验。DID 法是应用于自然实验的，实验前测与实验后测均可保证随机化条件的达成，可以通过比较 OLS 回归与 FE 回归的结果，交互项系数 β_1 的差距如果不大，即表明该项自然实验基本成立，这种实验后测的方法可以保证处理组和控制组的样本分组是随机的（陈林等，2015）。检验结果见表 2 -7，OLS 回归与 FE 回归的系数差别并不大。

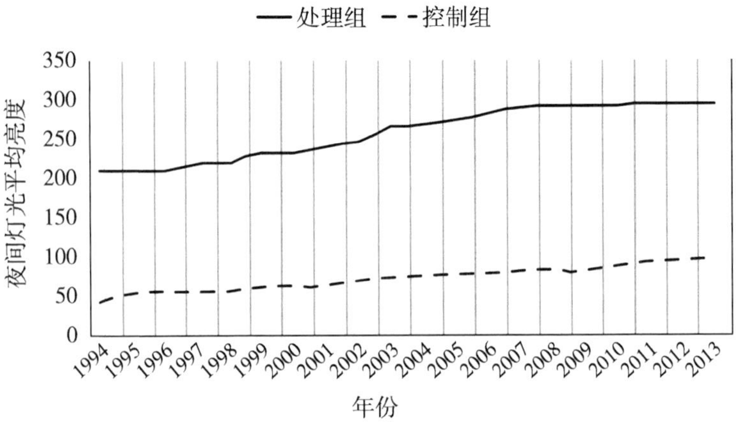

图 2 -2　平行趋势图

资料来源：由作者依据 ScienceDirect，Springer 等数据库数据整理。

表 2 -7　随机性检验

参数	（1）OLS 模型	（2）FE 模型
	SUM	*SUM*
DID	6. 337684 ***	6. 33176 ***
	（2. 319016）	0. 865505
常数项	-3. 031939	3. 454801 ***
	（1. 807633）	（ -0. 97123）
个体固定效应	NO	YES
样本容量	420	420
R^2	0. 696	0. 6637
F 值	95. 95	1460. 24

注：①*** 表示系数估计在 1% 水平上显著。

②括号内是以地区为聚类变量的聚类稳健标准误。

资料来源：由作者依据 Stata16. 0 软件回归结果整理。

其次，对政策时间的干预进行随机性检验。将政策实施的时间分别提前两年与四年，然后按照前文中估计政策处理效应的基准模型设定各个变量与交互项，再分别进行两次固定效应模型的回归，主要关注交互项 *DID* 系数是否显著。结果见表 2－8 中的（1）、（2）两列，两个时间的交互项系数都是非常显著的，这表示当政策实施的时间是不确定的年份时，政策的作用依然是显著的，从而证明了政策效应与执行的时间无关。

表 2－8　政策干预检验

参数	1996 年实施	1998 年实施	不受政策干预	受其他政策干预
	SUM（1）	*SUM*（2）	*SUM*（3）	*SUM*（4）
DID	2.418685***	2.767375***	−0.9147563	0.8291603
	(0.5839796)	(0.4033134)	(0.9243068)	(0.8502842)
常数项	27.67668***	26.71254***	−21.73998**	30.07171***
	(1.955821)	(1.944109)	(8.078431)	(1.972221)
样本容量	420	420	420	420
R^2	0.9948	0.9953	0.4887	0.9943
F 值	1890.01	2415.04	862.77	1849.20
时间效应	YES	YES	YES	YES
地区效应	YES	YES	YES	YES

注：①***、** 分别表示系数估计在 1%、5% 水平上显著。

②括号内是以地区为聚类变量的聚类稳健标准误。

资料来源：由作者依据 Stata16.0 软件回归结果整理。

除此之外还要证明控制组不会受到政策干预的影响。先选取一些没有受政策影响的地区——清远、潮州、揭阳、云浮，然后假设这几个城市受到了政策的干预，定义政策对它们的处理效应为交互项 DID，然后进行固定效应模型的回归，回归结果见表 2－8 中的（3）列，交互项系数并不显著，说明控制组基本不会受到政策影响。最后需要检验的是政策实施的唯一性，即与被解释变量高度相关的政策因素最好只发生一次，因为当发生次数较连续时，无法很好地将净绩效分离出来，但是根据陈林等（2015）的研究表明，这个假设相对较弱，并且国内外的部分研究或多或少不能满足这个假设，故只需要验证这个单独的政策是最主要的影响因素即可。选择一个受到其他政策影响的地区，本书选择了常有政策改革的试点城市深圳，然后定义深圳受到其他政策影响的交互项变量，估计交互项系数，结果见表2-8中的（4）列，发现DID系数变小且不显著，因此认为其他政策对研究的因变量影响程度微弱，粤港澳大湾区的政策是主要影响因素。

第四节　粤港澳大湾区经济协调增长的影响因素分析

上述实证分析对前文所做的假设一、假设二与假设三进行了系统的验证并得出结论。现阶段粤港澳大湾区的相关政策持续稳步推进，还有尚未发挥作用的空间，还需要对政策机制进行深入挖掘，解决区域发展不平衡的问题，实现区域协调发展，并且探究阻碍政策未能有效发挥效应的原因。因此，接下来将更深入地研究大湾区协作治理机制对经济增长驱动力的影响作用。估计结果如表2-9所示。

表2-9　大湾区协作治理机制对经济增长驱动力的影响作用

参数	*Far*	*Indu*	*FDI*	*Gov*	*Ind*	*Pop*	*Stu*	*Ser*
	模型（1）	模型（2）	模型（3）	模型（4）	模型（5）	模型（6）	模型（7）	模型（8）
DID	0.729503***	7.923958**	-3.93824***	2.91E-15***	2.170684	-41.7197**	2.5323***	-0.943659
	(2.08889)	(3.2398)	(0.93087)	(7.5E-16)	(7.9787)	(16.989)	(0.5574)	(0.7833)
$year_{it}$	25.12936***	-25.590***	-13.5232***	-2.53E-14***	7.666757	354.887***	2.8769**	11.453***
	(6.16027)	(7.4342)	(2.2817)	(2.8E-15)	(8.6931)	(49.697)	(1.3153)	(1.6837)
$city_{it}$	46.99877***	160.219***	9.8943***	-1.29E-14***	32.437***	379.165***	7.8698***	25.463***
	(6.90648)	(16.802)	(2.593)	(2.9E-15)	(6.636)	(62.924)	(2.1804)	(2.0304)
常数项	17.82576*	-96.156***	7.91355***	-1.2E-14***	38.9399**	563.520***	3.33568*	21.854***
	(10.2238)	(30.840)	(2.414)	(2.8E-15)	(18.279)	(54.214)	(1.8439)	(1.9845)
固定效应	YES	YES	YES	YES	YES	YES	YES	YES
样本容量	420	420	420	420	420	420	420	420
*F*值	10.36	46.73	36.31	74.60	18.85	416.16	11.70	69.19
R^2	0.5052	0.8745	0.7597	0.8987	0.2157	0.9815	0.5194	0.8189

注：①***、**与*分别表示系数估计在1%、5%以及10%水平上显著。

②括号内是以地区为聚类变量的聚类稳健标准误。

资料来源：由作者依据Stata16.0软件回归结果整理。

（一）粤港澳协作治理机制促进协调发展的驱动力

1. 产业结构合理化和高级化

“中心—边缘”理论认为区域的中心与边缘地区应集聚不同产业。产业的分布由各城市根据自身资源优势、区位优势、经济状况而演变，有利于提高各地区特色产业的专业化水平。粤港澳大湾区内产业的多样化与功能性已经得到了较好结合，但产业结构的不协调容易造成城市的重复建设和资源浪费，不利于城市群的良性发展，所以新的合作内容正在不停地向更加优化的方面转变，其中依然离不开制造业的基础。目前，大量的港资、台资企业仍是珠三角城市尤其是东莞制造业的重要基础。随着工业产业的升级改造，目前正在加快发展智能制造业和现代服务业，促进优势互补的联动发展，在这个庞大的动态过程中，很容易出现市场失灵的风险，从而导致资源配置不合理，因此要支持传统产业转型必然需要政府的把控与引导，主动发挥作用。从表 2－9 的对产业结构影响的系数也可以得出结论，粤港澳政府的相关政策的实施与引导对产业结构改造产生了显著的正向作用。而产业结构向着合理化和高级化方向演变的过程均对经济增长具有明显促进作用，并且产业结构合理化所产生的影响要远大于产业结构高级化（干春晖等，2011）。目前，珠三角区域产业发展协调性正在调整，一方面利用好香港的现代服务业和金融业的资源，发挥广州和深圳科技研发能力强以及龙头企业总部聚集的优势，以及佛山、东莞、珠海、惠州、中山、江门、肇庆等城市产业链齐全的优良基础，促进城市间的融合发展。良好的产业分工有利于协调各城市之间的产业布局，进而推进区域的经济增长（刘乃全等，2017）。另一方面也在逐步探索新兴产业，加快基础设施的互联互通，增强人员之间的流动性，发展壮大各地区的新支柱产业，积极推进产业的高级化。

2. 加强科技教育的软投入

随着中国经济进入新常态，为了发掘经济增长的新动力，粤港澳大湾区的规划中积极拓展了教育、文化等领域的合作，更多地聚焦在对人才的培养上，促进人力资本的积累，打造教育和人才高地。粤港澳三地从基建合作、产业协同到科技创新等多个领域进一步优势互补，大力建设科技创新平台，高校之间加强联系，支持粤港澳企业共建高水平合作创新区域，促进产学研深度融合。根据表 2－9 中交互项对受教育程度的系数可以看出，政策的实施对提高区域整体的高等教育水平有显著的正效应，教育程度直接影响了人力资本的优化，催生了新型科学技术，对经济的增长产生积极影响。粤港澳大湾区的相关政策作为开放式经济发展的最前沿政策，建设了大量的城际轨道交通、高铁和高速公路网络，完备的基础交通设施使得各地区之间边界更融合，更好地推进科技基础设施与交叉研究平台也使得人才之间交流与联系更密切。高素质人才不仅可以提高生产效率，节约能源，还能促进产业结构向更高层次发展，优化经济结构。科技与教育是经济长期稳定增长的重要源泉，长期对这些“软实力”持续投入有利于健全大湾区协调发展机制。

3. 人员流动性加强

粤港澳大湾区合作机制的建立有助于加强各城市之间的经济联系程度，城市之间经济联系依赖于人员的流动，很多研究证明人口规模对生产率具有负的影响，过度聚集的人口是一种不经济的表现，意味着其中有剩余劳动力存在。而表 2－9 中交互项对人口密度的作用为负，可以反映出政策的实施导致人员的流动性增强，人口的布局分散。随着国家政策中各项开放性措施的推行，使区域边界效应减弱，信息公开流通，促进了跨区就业，广深地区的剩余劳动力逐步转移到东莞、佛山等大城市进行就业，也缓解了惠州、肇庆、江门等城市互联网及电子商务劳动力短缺的压力。粤港澳大湾区不仅是珠江三角洲的广州、深圳、珠海、佛山、东莞、中山、江门、肇庆、惠州 9 个城市，还包括香港、澳门 2 个特别行政区组成的城市群。相比较原先珠三角 9 市内部劳动力等要素的自由流动，新增的香港与澳门进一步使区域扩容，有助于区域内经济的协同发展、共同治理以及文化融合（Dahlman，2004；Xheneti 等，2012），为整体区域内的经济市场注入新的活力。黎熙元（2011）认为流动性是香港与内地之间的跨境移动人口的显著特征。政府不仅在人才引进政策上给予优惠，并且在港澳居民来往内地的通行证使用方面，通过运用电子化与信息化手段，使其更加高效便捷，可以同时拥有多种居留身份，毫无压力地融入当地社会，享有应有的权利。还为赴港澳开展科研、专业、商务合作的符合条件的珠三角 9 市人员提供更加便利的签注安排，减少人员跨界合作的时间成本，促进人员与货物交通便利化，最大程度降低了流动的复杂性。在流动性高的地区意味着市场一体化的程度较高，推动区域经济协调发展。

除此之外，通过表 2－9 中对外商直接投资系数的估计，发现相关政策措施对利用外商直接投资金额的影响显著为负，对此结果分析得出可能的原因有两个：

第一，政策实施的不确定性。港澳地区拥有与西方接轨的法律体系，与国际接轨的产业优势，是全球税制简单、税率低、经济高度自由开放的地区，也是珠三角地区与国际市场交流与合作的重要中介与纽带。在粤港澳大湾区的政策规划要求中，落实内地与香港、澳门 CEPA 系列协议，努力实现取消或放宽对港澳投资者的条件限制，并且在物流、运输、法律、金融等领域实施特别开放政策，整体来看政府倾向于将珠三角地区建设得更加开放，但由于一些客观因素，粤港澳三地之间制度差异大，部分政策措施的推行需要长期的沟通协调后方可落实，使得开放性政策的效果大打折扣，行政效率低下。自 2008 年金融危机以来，全球经济增长的趋势短期内一蹶不振，少数国家保护主义和“逆全球化”的思想抬头，各项贸易政策频频变动，导致贸易壁垒增加，也使得政策的及时性、稳定性与连贯性得不到切实有效的保障。经济政策的不确定性使得投资者承担了更多的风险，并且很难对未来一段时期内经济发展趋势向好或向坏进行可靠的评估，可能会减弱对该地区投资的国外投资者的信心，对投资做出滞后或减少行为，从而抑制 FDI 的引入（单东方，2020）。对珠三角地区而言，各城市距离中心城市远近不一，自身经济发展状况差异较大，部分城市对外开放程度较低，对外来投资的吸引力不足，故 FDI 受到制约且分布极不平衡。

第二，生产成本的提高。目前主流的经济学文献认为，外商直接投资对被投资方的经济意义是增加了资金以及国际先进的技术和设备，促进被投资方经济发展。发展中国家之所以落后的重要原因之一即现代科学技术的缺乏，很多研究表明，应当通过吸引外商直接投资来缩小与发达国家之间的差距（范承泽等，2008）。随着我国经济的宏观调控，国内体制改革不断推进，在各领域加大对科研技术的投入，对国有企业体制改革，对民营企业加大扶持，使得外资企业的发展规模逐渐收缩，其在中国市场的竞争也愈发激烈。而最初外资涌入是因为低廉的生产要素，当劳动力以及原材料等生产成本的提高，导致其利润与预期收益率减少；想遏制利润下降的趋势，扩大企业规模，就要承受更多的环境成本，自身进行改造升级，提高效率来适应迅速发展的中国市场；不仅如此，一些地区对引进外资的政策调整为以质量为主，不再是以数量为先的模式，并且限制外资进入与国家重要资产相关产业，不再走单纯的以市场换技术的道路。一方面，商人的目的是逐利，当外商自身的利润受到压缩，便有促使外资的撤离并且寻找下一个更容易获利的市场的倾向；另一方面，也可以用要素的适配性来说明部分原因，有大量研究表明外商企业对我国企业的技术溢出效果受到经济发展水平、国内企业研发能力等的因素影响（何洁，2000；陈涛涛，2003）。借鉴赖明勇等（2005）的研究得出的“发展中国家应该选择适宜的技术水平差距”这一普遍适用的结论，虽然我国各项政策加大了对人力资本的投资，但是珠三角部分城市自身技术水平落后，研发投入不足，人力资本的积累出现了相对迟滞，不能很好地吸收外商直接投资带来的技术。因此对外商企业进行筛选更有利于地区长期的经济发展。

陈诗一等（2008）的研究表明不同地区财政能力的强弱差异会影响地方政府之间提供公共服务的能力大小，实际体现为财政支出效率的不同。这就可以解释为何在表 2 –9 中，粤港澳大湾区协作治理机制的形成对政府的财政预算支出影响是非常显著的，但是系数却很小。中国经济形态转变时期的体制制约了政府的效率、原先各部门之间互相独立，彼此的联系较少，而不同地区之间沟通交流与协作的频率更是少之又少，导致了政府行为的偏差。粤港澳大湾区合作的相关政策不仅涉及广东省内部的珠三角 9 市，还结合了香港、澳门 2 个特别行政区，虽然粤港澳三地基础设施建设齐全，民众文化习俗相近，部分领域有一定的合作基础，但是仍然有很多跨区域合作的困难需要克服。比如社会制度和法律制度的不同，分属于不同关税区，资源配置效率不高，高效流通有待加强，供需结构不平衡，这些难题都需要政府花费大量的时间和人力去商议协调，因此政策的实施出现迟滞，政策的效果也不及预期。从长期时间看来，财政政策对区域协调发展是有积极作用的，政府职能的缺位被认为是当前发展失衡的根本症结所在（吕炜等，2008）。政策调控是一个复杂的动态化过程，在这个过程中诸多种类的变量之间都存在着相互关系，彼此可能会起到促进与制约的作用，因此，政府的推手在其中担任了重要角色。在分税制改革后，不仅强化了地方政府的责任，还赋予了地方政府更自由的活动空间和更强大的权利，而地方政府也担负着社会的保障、管理与发展等多项重要职能，政府的行为实施效果最终具体表现在地方财政支出的数额上。有研究认为政府的补助对与政府有关的企业的绩效有显著促进作用，而一些无关联的民营企业则无显著作用，政府资金的流向也会略有倾斜，可能导致配置效率不高。综上所述，政府作为各项社会活动之间的承接者，依法履行责任与义务，对工作的结构进行优化，提高办事效率，精确定点的对各类要素投入。

（二）区域经济状况差异的测算与比较

区域经济政策有助于经济收敛，实现区域经济协调发展。从粤港澳协作治理机制形成到逐步完善，至今已有十几年历史，在这段时期中，不仅仅珠三角地区的经济得以飞速提升，整个广东省的经济增长也很显著。城市群的机制推动产业的协同有序发展，因此不能单纯只关注整体经济的增长，还要不断缩小区域间的经济差异，实现各个地区的共同增长。本文将对1994—2018年的广东省内各区域的经济协调程度的趋势进行测算，验证在这段时期政府实施的粤港澳大湾区相关政策是否有效缩小地区经济差异，促进区域平衡发展。对于区域经济协调发展程度的测量指标有很多种，比如基尼系数、泰尔指数、变异系数等，其中对处于高位和低位两端的数据变化比较敏感的是泰尔指数，故本书选取泰尔指数作为测算区域经济协调发展水平的指标，对珠三角地区以及广东省整体的泰尔系数进行计算，计算公式如下

$$T = \sum_{i} \left(\frac{y_i}{y} \times \ln \frac{y_1/y}{p_i/p} \right) \tag{2-5}$$

式中：T 为泰尔指数；y_i 为区域内部不同城市的国内生产总值

（万元）；y 为区域整体的国内生产总值之和；p_i 为区域内各城市的年末人口数（万人）；p 为区域各城市的年末人口数之和。T 的取值范围为 0～1，取值越大，区域间差异越大，区域经济协调发展状况越差；反之则区域经济协调发展状况越好。计算出 1994—2018 年衡量广东省和粤港澳大湾区两个区域经济水平差异的泰尔指数，其变化趋势如图 2－3 所示。

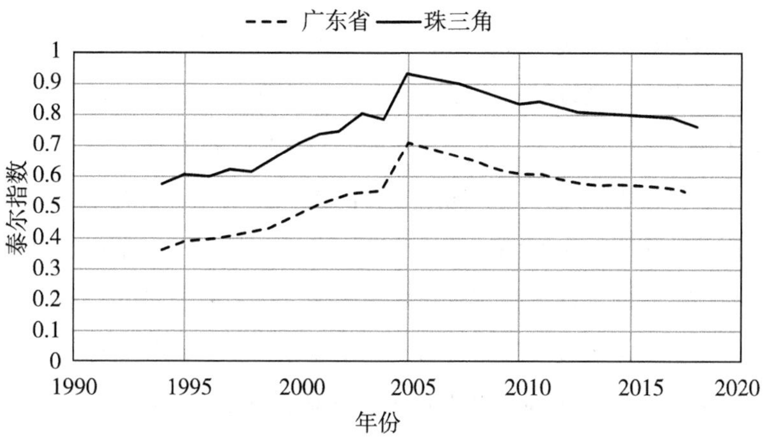

图 2－3　区域协调发展趋势

资料来源：作者计算整理。

观察图 2－3，可以发现广东省经济发展协调程度的变化趋势与大湾区城市群很相似，并且从时间趋势中分析，在粤港澳三地协作治理机制形成之前，各地区经济增长差异不大，经济发展程度的高低并不太显著。在 2000 年之后，随着粤港澳合作机制的形成，政府大力推动三地联系，从区域内部发展基础看，港澳有服务业优势，珠三角地区的中心带动城市广州、深圳有科技研发优势以及自贸区试验区、高新区、科技园区等开放战略平台，大量资本则优先流入这几个中心城市，前期造成“强者恒强，弱者恒弱”的局面，两极分化更加明显，泰尔指数增大；后期随着各项配套政策的实施，以及各级政府逐渐完善各方面制度保障，区域之间联动性增强，形成优势互补、合作共赢的局面，促使区域之间的经济实力差异渐渐缩小，泰尔指数降低，区域发展更加平衡。

第五节　结论与启示

随着粤港澳三地的联系日益密切，广东省政府和香港、澳门特别行政区政府加强沟通协商，多次召开了合作联席会议，制定了有效的多层次协作治理机制，稳步落实各项规划的目标，共同推进了大湾区建设。本书以此作为一项政策实验，选取广东省 21 个市级地区、时间跨度为 1994—2013 年的面板数据样本，通过 DID 法评估粤港澳大湾区规划对经济增长的效应。研究表明，粤港澳大湾区合作机制的相关政策实施有效地促进了该地区的经济增长，并且对短期和长期政策实施的效果进行动态分析，结果显示在短期内政策效果依然显著，但是后期对经济增长的促进作用不再显著，甚至出现了负向影响，说明由于合作机制的不稳定，各项措施无法保持长期有效执行，缺乏相关制度的保障，可能使部分政策没有得到充分发挥。由于个体城市的异质性，还考察了粤港澳协作治理机制的相关政策实施对不同等级城市经济增长的促进作用。对中等级别的城市而言，政策的促进作用是最大也是最为显著的，因为这部分城市被开发度不高，有一定的基础设施建设，还有相对便宜的土地与劳动力等生产要素，可以利用现已成熟的科学技术，优化产业结构，发展动力最为强劲；对于中心城市和欠发达的城市来说，一种是因为各领域发展已经达到领先水平，从而政策的刺激对经济增长没有很大程度的提升，需要开放程度更高的措施；另一种是因为自身经济实力较弱，发展动力不强，并且政策的配套措施执行不完善，地方政府实践能力有待加强，政策效应出现迟滞。在影响因素分析中，可以发现粤港澳大湾区的合作机制使产业结构更加优化，对科研教育等方面更加重视，促进人员流动性增强，但基于全球保护主义趋势增强，国外投资者对政策的变动很敏感，因此政策对外商投资没有起到促进作用。根据上述分析，提出一些政策建议如下。

第一，在国家政府层面，建立健全各项制度与机制，深入推进依法行政，提高政府的执行效率和公众服务能力，为区域经济平稳而快速的增长提供稳健的制度保障，强化大湾区的廉政机制协同，政府有效的支持是增强经济发展的内生动力。

第二，在产业规划层面，加强教育、文化等领域的软投入，积极培养高水平、高素质、专业化人才，创新内地与港澳合作办学方式，学习港澳先进的科学技术和企业管理经验，建立自主创新体系，渗透进新一代科学技术前沿领域。完善各地区之间承接产业转移的软硬件建设与配套设施，推进各区域之间的产业对接协作，形成流通性强的区域间上下游产业联动机制（刘乃全等，2017），推动产业结构向高端合理化转变。

第三，在风险控制层面，目前国际经济形势处于不明朗状态，有必要做好防范重大风险的工作，特别是防范金融风险，对各环节的风险控制与监管手段认真落实，建立和完善风险预警、防范和化解体系。

第四，在对外开放层面，进一步提高对外开放水平，依托港澳的国际合作优势，加强国际经济合作，探索国际化平台的建设，促进跨境贸易、投融资结算便利化。

最后，只有充分发挥各级政府的统领作用，在各地区经济发展与生态环境存在差异的情况下，各级政府统筹兼顾，实施政策措施时，因地制宜，才能推进大湾区城市群的相互融合，协调发展，为经济增长提供核心动力。

第三章　新经济地理视角下粤港澳市场一体化影响因素

大湾区经济作为共享湾区而形成的区域经济高级形态，是国际上较为认可的一种高级一体化的发展模式。2017 年 3 月 5 日召开的第十二届全国人大五次会议上，国务院总理李克强在政府工作报告中提出，要推动内地与港澳深化合作，研究制定粤港澳大湾区城市群发展规划，发挥港澳独特优势，提升在国家经济发展和对外开放中的地位与功能。同年 4 月 7 日，国家发改委制定印发了《2017 年国家级新区体制机制创新工作要点》，其中就包括要深化粤港澳深度合作探索。粤港澳合作不是新概念，大湾区城市群的提出，应该说是包括港澳在内的珠三角城市融合发展的升级版，升级成为先进制造业和现代服务业有机融合最重要的示范区。在此背景下，2017 年 7 月 1 日，《深化粤港澳合作 推进大湾区建设框架协议》在香港正式签署，协议明确提出粤港澳三地将在中央有关部门的支持下，打造国际一流湾区和世界级城市群，提升市场一体化水平，促进产品、要素、服务便捷流动，打造具有全球竞争力的营商环境。

当前，粤港澳大湾区一体化建设正以不可逆转之势向前推进。大湾区实现市场一体化，可以消除湾区内各种商品和要素流动的经济和非经济壁垒，要实现产品、要素和服务的自由流动，促成湾区统一大市场的形成，从而为区域内产业分工的细化和合理布局、资源配置的优化和效率提升以及区域规模经济的有效发挥提供条件，并最终实现区域一体化发展。本章试图在新经济地理框架下研究影响粤港澳大湾区市场一体化的因素，并根据研究结果，就如何深入推进粤港澳市场一体化提出相关政策和建议。

本章第一节将回顾与总结有关市场一体化的研究文献；第二节将阐述区域一体化的 3D 理论机制，并在此框架下研究粤港澳地区 3D 的演进历程；第三节将构建计量模型，实证研究各经济地理要素对粤港澳市场一体化的作用机制，并探索粤港澳三大城市圈市场一体化的空间异质性，进行稳健性检验；第四节由实证研究结果总结出结论，并提出相关的政策建议。

第一节　文献综述

市场一体化是区域资源自由流动的动态过程，包括商品市场一体化、要素市场一体化以及服务市场一体化三方面内容。现有文献主要从三个方面研究市场一体化：水平测度、成因分析和经济效果。

对区域市场一体化水平的测度，多位学者分别用不同方法进行了测算和分析，也得出了不同的结论。Park 等（2002）、陆铭等（2006）、桂琦寒等（2006）采用价格法，Poncet（2005）、Naughton（2003）、徐现祥等（2009）采用贸易流法；Young（2000）、白重恩等（2004）、胡向婷等（2005）采用生产法研究了中国市场一体化表现，其中只有 Young（2000）、郑毓盛等（2003）和 Poncet（2005）的研究认为中国国内市场分割正在加剧，市场一体化正逐步弱化，而除此之外，其他绝大多数学者的研究均认为中国国内市场整合程度总体呈上升趋势，国内市场一体化程度正逐步加强。

在市场一体化的成因分析上，现有研究多从以下三个方面进行研究：基础设施状况、地方政府偏好和对外开放程度。交通等基础设施状况的完善与否是影响产品和要素流动成本的决定性因素，Andrabi 等（2010）研究发现印度铁路交通的完善可以解释印度商品市场 20% 的价格趋同现象；陈宇峰等（2014）在实证中得出，公路里程长度与市场一体化负相关。众多研究表明地方政府基于 GDP 业绩的本地偏好是造成市场分割的重要原因，金字塔般行政区划管理模式（鲁勇，2002；洪银兴等，2003）、行政性分权、财税权力下放、政绩竞赛（周黎安，2004）等导致地方保护主义盛行并形成市场分割。国际贸易对国内贸易的替代效应加深了市场分割（郭树清，2007），内需不足的情况下，企业无法利用国内市场的规模效应，转而增加出口以获取国际市场的规模效应，弱化了国内合作的激励（盛斌等，2011）。任志成等（2014）用贸易开放度表示经济开放水平，研究发现贸易开放对市场一体化的影响呈“倒 U 形”特征。

在市场一体化对区域发展所产生的经济效果上，诸多学者进行了研究，发现市场一体化对经济增长的影响并非一成不变，个体和时期的差异性会影响结果，并未得出统一性的结论。现有实证结论包括三种情形：第一种结论认为市场一体化有助于经济增长，如徐现祥等（2007）从理论和实证两个方面证明，市场一体化会随着长江三角洲城市经济不断协调发挥作用，从 1990—2002 年长三角地方市场分割对区域协调发展的阻碍作用已经下降了近 50%；第二种结论认为市场非一体化会促进经济增长，如陆铭等（2009）、付强等（2017）的研究发现在某一特定时期，市场分割会促进经济增长，也即是区域市场整合对全要素生产率产生了负面影响；第三种结论认为市场一体化对经济增长影响与区域经济发展水平有关，如刘志彪（2010）的研究。

综上所述，目前的研究大都是从全国视角出发，分析各地产品市场一体化水平及其对经济发展的作用，但是中国地区发展极不平衡，东中西区域分异显著，此外，我国尚未推动建立统一性的全国市场，更多的是实行区域一体化战略，如京津冀、长三角和珠三角等地方性区域一体化市场和经济。因此，如果单纯考虑全国市场一体化水平可能会出现失真和误判现象，地方性区域性经济体是更加值得研究的对象，只有如此，才能由点及面，推而广之，为全国建立一体化市场和经济提供示范和借鉴意义。新时代以来，粤港澳大湾区发展已上升为国家级战略，是全国最大的区域性经济体，具有独特的经济意义和研究价值。本章以粤港澳大湾区为样本，基于经济地理 3D 框架研究其市场一体化水平与演进趋势，并考察自港澳回归以来，各经济地理要素对粤港澳市场一体化产生的影响。

第二节　新经济地理框架下粤港澳 3D 演进分析

（一）理论框架

《2009 年世界发展报告：重塑世界经济地理》提出了一个新的经济地理分析框架——3D 框架。该框架指出区域一体化是一个增加开发密度、缩小联系距离、减少相互分割的过程，并以密度（Density）、距离（Distance）、整合分割（Division）为主要内容解释区域一体化发展动力结构，因而得名。

密度反映的是区域经济活动的强度、集中度和集聚程度。在市场一体化的初级阶段，通过实施无差别的区域公共政策，提高区域经济活动强度，经济活动强度的提高和产业集聚能够增强地区吸引力，促使要素流动与集聚，进而形成分工、规模效应、基础设施等要素共享及技术外溢，促进市场一体化。

距离反映了要素到达市场的难易程度，产品、要素和服务流动所需耗费的成本，距离越大，成本越高，产品、要素流动越困难。除空间位置外，基础设施状况、文化差异和社会制度等都是距离所包含的内容，在一体化的中级阶段，通过不断完善区域基础设施，健全交通、通信等来缩短区域空间距离和经济距离，提高产品、要素流动效率，推进市场一体化。

整合分割主要反映的是限制产品、要素流动的社会障碍和制度壁垒，如国际贸易保护主义、边界效应、政府本地偏好等。长期以来中国的省市县行政区划管理模式、财政分权制度和户籍制度等都在一定程度上阻碍了产品、要素和服务的跨区域流动，阻碍了市场一体化。在市场一体化的较高级阶段，要通过政策干预，改革体制、机制和制度，促进区域协调一体化发展。市场一体化理论框架与机制如图 3－1 所示。

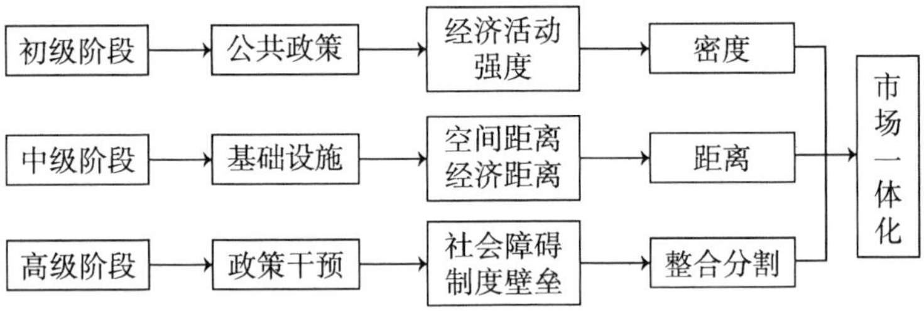

图 3－1　市场一体化理论框架与机制

（二）粤港澳地区密度、距离和经济整合历史演进分析

在回顾相关文献和新经济地理市场一体化理论框架的基础上，本章构建了粤港澳地区密度、距离和经济整合的指标评价体系，内容及指标量化见表 3－1。

表 3－1　粤港澳地区 3D 框架指标体系

框架内容	指标	计算方法
密度因素（Density）	经济密度（*ecd*）	GDP/地理面积
	人口密度（*pod*）	总人数/地理面积

续表

框架内容	指标	计算方法
距离因素（Distance）	交通密度（*trd*）	公路里程/地理面积
	通信设施（*tel*）	邮电业务总量/GDP
整合因素（Division）	市场化（*mkd*）	非国有企业产值/企业总产值
	对外开放（*open*）	进出口总值/GDP
	政府干预（*gov*）	政府财政支出/GDP

注：整理自《2009 年世界发展报告：重塑世界经济地理》。

在表 3－1 的指标体系下，收集并计算粤港澳大湾区 9 市 2 区 2001—2015 年的指标数据❶，利用主成分分析从各自指标中提取出密度因素、距离因素和整合因素主成分，测算结果见表 3－2。

表 3－2 粤港澳大湾区 2001—2015 年密度、距离和整合因素测算

年份	密度因素	距离因素	整合因素
2001	－0. 224	0. 275	－0. 189
2002	－0. 213	0. 287	－0. 124
2003	－0. 199	0. 294	－0. 071
2004	－0. 166	0. 349	－0. 070
2005	－0. 139	0. 301	－0. 053
2006	－0. 094	－0. 041	－0. 045
2007	－0. 045	－0. 160	－0. 037
2008	－0. 015	0. 065	0. 005
2009	－0. 013	0. 138	－0. 152
2010	0. 054	0. 163	－0. 059
2011	0. 116	－0. 072	－0. 002
2012	0. 168	－0. 115	－0. 076
2013	0. 238	－0. 550	0. 183
2014	0. 281	－0. 495	0. 244
2015	0. 251	－0. 439	0. 446

注：作者计算整理所得。

❶ 全部数据来源于历年《广东统计年鉴》《中国统计年鉴》和《中国城市统计年鉴》。

根据表3－2可以发现：2001—2015年，粤港澳地区的密度和经济整合因素呈现逐年上升的趋势，距离因素则呈现出波动性下降的趋势。广东省多年地区生产总值位列全国第一，港澳由于其独特的经济发展历史，金融业和服务业发达，使得粤港澳地区经济发展水平高，经济密度高，人口众多，且城市人口占总人口比重大，区域城市化水平高，进而使得粤港澳地区总体密度因素表现逐渐上升；广东省不断加大地区基础设施建设，尤其是交通和通信基础设施，区域内机场，港口众多，高铁、公路纵横密布，使得粤港澳区内各个城市之间经济联系和社会联系不断加强，地理距离和经济距离不断缩小；自港澳回归和进入21世纪以来，广东省建立深圳、珠海等经济特区，率先实现对外开放，对接港澳，且积极推行市场化改革，实施财税分权，逐渐形成比较完善的市场经济，此外广东省与港澳签署和出台了多项有利于促进区域一体化的政策和规划，如CEPA系列协议，粤港、粤澳合作框架协议等，都极大地促进了粤港澳的区域整合和一体化。

第三节　经济地理要素对粤港澳市场一体化影响的实证分析

（一）模型设定及变量说明

根据上述文献回顾与理论分析，借鉴周黎安（2004）、陈宇峰等（2014）的研究，构建了以下面板模型以验证粤港澳地区的密度、距离和分割因素是否促进了其市场一体化

$$index_{it} = \alpha + \beta_1 density_{it} + \beta_2 distance_{it} + \beta_3 division_{it} + \varepsilon_{it} \tag{3-1}$$

式中：*index* 为粤港澳市场一体化指数；*density*，*distance* 和 *division* 分别为上文中的密度、距离和整合因素。

同时，为深入研究各经济地理要素对粤港澳市场一体化的影

响作用，本章还建立了以下面板模型

$$index_{it} = \alpha + \beta_1 ecd_{it} + \beta_2 pod_{it} + \gamma_1 trd_{it} + \gamma_2 tel_{it} + \theta_1 mkd_{it} + \theta_2 open_{it} + \theta_3 gov_{it} + \eta \overline{X} + \varepsilon_{it} \quad (3-2)$$

式中：*ecd*，*pod*，*trd*，*tel*，*mkd*，*open*，*gov* 分别为上文中 3D 框架下各变量指标；$\overline{X}$ 为控制变量。

对于被解释变量：粤港澳市场一体化指数 *index*，本书采用八大类商品[1]的价格，使用相对价格法进行测算，并取其倒数值来衡量商品价格的波动范围，指数越大，市场一体化程度越高。由图 3－2[2] 可知：在本章的研究期 2001—2015 年，粤港澳大湾区 9 市 2 区的一体化指数的变动趋势总体是一个逐渐上升的过程，即大湾区的商品市场的一体化程度越来越高，各城市区域之间市场趋于整合而非分割，但局部个别年份存在波动与振荡。此外，粤港澳大湾区中，广佛肇、深惠莞港和珠中江澳三大经济圈的市场一体化也呈现出波动性的上升趋势，且彼此之间的市场一体化程度差异性较小。

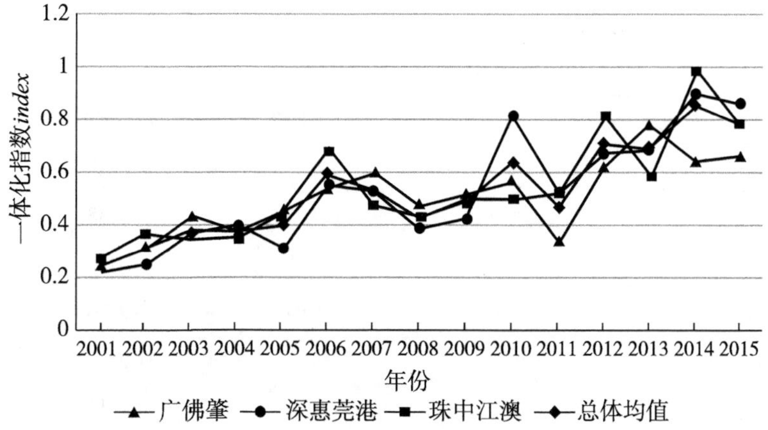

图 3－2　大湾区产品市场一体化指数的变化趋势

❶ 八大类消费品：食品、烟酒及用品、衣着、家用设备用品及维修服务、医疗保健和个人用品、交通和通信、娱乐教育文化用品及服务、居住。

❷ 由于该数值非常大，一体化指数均除以 10000。

对于解释变量：采用上文测算得到的各个指标的数值来表示。

对于控制变量：借鉴李雪松等（2015）的研究，选取外商直接投资（*FDI*）和地区经济发展水平（*lnpgdp*）作为控制变量。

（二）实证分析

为了避免出现“伪回归”，在进行回归分析之前对面板数据进行了单位根和协整检验，验证变量具有平稳性和协整性。根据式（3－1）对全样本进行了一般面板回归，逐步添加变量，通过拟合优度 R^2、F 检验、Hausman 检验和 BP 检验判断选择 FE 模型，回归结果见表 3－3。结果发现，密度因素和整合因素显著地促进了粤港澳地区的市场一体化，距离因素也促进了粤港澳的一体化，但是不显著。粤港澳地区密度因素提高 1 个单位，市场一体化将提高 0.301 个单位；距离因素提高 1 单位，一体化将提高 0.028 个单位；整合因素提高 1 个单位，一体化将提高 0.257 个单位。

表 3－3　回归结果

参数	（1）FE 模型	（2）FE 模型	（3）FE 模型
density	0.255***	0.256***	0.301***
	（6.41）	（5.96）	（7.88）
distance		0.002	0.028
		（0.04）	（0.76）
division			0.257***
			（7.10）
常数项	0.516	0.516	0.516
	（1.43）	（1.54）	（1.52）
N	165	165	165
R^2	0.199	0.199	0.293

注：括号内为其 t 的统计量值；*** 表示在 1% 的水平上显著。

为进一步研究在 3D 框架下，各个细分指标因素对粤港澳市场一体化的影响作用，本书根据式（3-2）进行了回归，通过方差膨胀因子（VIF）检验判断模型不存在严重的多重共线性问题，并通过 Hausman 检验判断选择固定效应模型，估计结果见表 3-4。表 3-4 中的（1）~（3）列分别为逐步添加密度、距离和整合因素的细分指标进行回归的结果。本章以表 3-4 的（3）列回归结果进行分析，其他回归结果为参照，使结果更加稳健，可以得到以下结论。

表 3-4　回归结果

参数	(1) 全样本	(2) 全样本	(3) 全样本	(4) 广佛肇	(5) 深惠莞港	(6) 珠中江澳
ecd	0.007***	0.009**	0.013***	0.0968***	0.0894*	0.0149***
	(5.10)	(2.15)	(2.86)	(4.06)	(1.69)	(8.95)
pod	-0.284	-0.229	-0.189	-2.839**	-3.098	-0.783***
	(-0.88)	(-0.32)	(-0.28)	(-2.44)	(-1.41)	(-3.22)
trd		0.052**	0.057**	0.0111	-0.0576	-0.0221*
		(2.01)	(2.28)	(0.04)	(-0.27)	(-1.81)
tel		0.622	0.405	0.912***	0.505	0.781
		(0.92)	(0.59)	(3.28)	(0.44)	(0.87)
mkd			0.169	0.537***	0.347	0.287*
			(0.51)	(2.60)	(0.59)	(1.71)
open			0.187***	0.154	0.281**	-0.0805
			(3.17)	(0.51)	(2.68)	(-1.61)
gov			2.687***	-1.106	1.957	1.457**
			(2.94)	(-1.02)	(0.93)	(2.26)
FDI	1.244	1.695*	2.217**	2.087**	4.794**	0.520
	(1.21)	(1.93)	(2.58)	(2.42)	(2.53)	(0.47)
lnpgdp	0.303***	0.354***	0.382***	0.294***	0.697***	0.183***
	(5.01)	(4.96)	(5.09)	(4.37)	(3.12)	(2.86)

续表

参数	(1) 全样本	(2) 全样本	(3) 全样本	(4) 广佛肇	(5) 深惠莞港	(6) 珠中江澳
常数项	-2.878***	-3.499***	-4.575***	-2.998***	-8.242***	-1.734**
	(-4.04)	(-4.66)	(-5.79)	(-4.55)	(-3.41)	(-2.18)
N	165	165	165	45	60	60
R^2	0.384	0.403	0.462	0.5108	0.513	0.5535
估计模型	FE	FE	FE	RE	FE	RE
Hausman Test	16.07 (0.0029)	18.81 (0.0045)	19.96 (0.0182)	0.34 (0.8458)	15.66 (0.0013)	3.62 (0.3050)

注：括号内为其 *t* 的统计量值；***、**、* 分别表示在 1%、5%、10% 的水平上显著。

在密度因素中，粤港澳经济密度的提高对其市场一体化有显著的促进作用，经济密度提高 1 个单位，一体化程度就将提高 0.013 个单位；粤港澳地区人口密度的提高并没有促进其市场一体化。粤港澳地区相较于全国，经济发展水平高，地区生产总值高，区域内一线、大城市众多，如广州、深圳、香港等，使得粤港澳具有强大的“虹吸效应”，即粤港澳地区对周边省市地区，乃至全国的资源、劳动力、资本和技术等生产要素以及服务等都具有很强的吸引力，促使粤港澳形成要素集聚高地，产生“规模效应”和“集聚效应”，同时粤港澳经济发展快，对周边地区如泛珠三角区域，产生“溢出效应”，这“一吸一放”之间都极大地促进粤港澳地区的产品、要素和服务的流动，从而显著地促进了粤港澳市场一体化的提升，虽然粤港澳人口众多，但是城市常住人口占比不高，多为外来务工和迁移人员，人口流动大，此外，人口密度在各城市分布不均，广州、深圳等人口密度高，且还有不断流入，而肇庆、江门等内陆偏远地区密度小，还有不断流出，这在一定程度上加剧了粤港澳市场分割，没有促进一体化。

在距离因素中，交通基础设施显著地促进了粤港澳市场一体化，交通设施提高 1 单位，市场一体化就提高 0.057 个单位，同时通信设施也促进了粤港澳市场一体化，但是不显著。粤港澳地区长期以来，注重本地区基础设施的建设，兴建了多条联通区内多个城市的高铁、地铁和公路线路，区内已有包含广州白云、深圳宝安在内的大小 10 余座机场，此外，粤港澳湾区内延珠江两岸港口众多，这些交通基础设施的不断完善，运输和出行方式的多样化选择，都极大地缩减了城市间的“距离”，提高了运输效率，便利了区内人员、产品货物和服务的流动，降低了流动成本，显著地促进了粤港澳湾区市场一体化。粤港澳湾区内通信设施完善，通信服务质量高，人均电话数量较高，邮电业务总量逐年上升，都反映了粤港澳信息交换的频繁与便捷，信息化程度高、有利于市场一体化。

整合因素中，市场化程度的提高促进了粤港澳市场一体化，但不显著；对外开放水平和政府规划都显著地促进了粤港澳市场一体化程度，对外开放和政府支出每提高 1 单位，一体化将分别提高 0.187 和 2.687 个单位。大湾区内，香港、澳门本就是高水平市场经济，广东省是中国改革开放的排头兵，建立深圳、珠海经济特区，对接港澳，实施市场化改革，为产品、要素和服务在粤港澳自由流动提供了制度安排与保障，同时粤港澳经济合作由来已久，加强珠三角、粤港、粤澳区域一体化的顶层规划和框架协议如 CEPA 及其系列补充协议，粤港、粤澳合作框架协议，尤其是 2017 年签署的《深化粤港澳合作 推进大湾区建设框架协议》，为粤港澳市场一体化建设予以政策引导和保驾护航，促进了大湾区市场一体化。

从其他控制变量看，外商投资和区域经济发展水平都显著地促进了粤港澳市场一体化，广东的改革开放和现有的外向型经济崛起离不开外资，尤其离不开香港、澳门的外商投资，因此，从一开始粤港澳之间的经济就紧密相连；区内经济发展水平高，要素活跃，经济实力强，使得粤港澳更有能力进行公共投资和基础设施完善，提高经济效益，促进一体化。

长期以来，粤港澳地区积极响应国家号召与安排，实施区域一体化发展战略，尤其是珠三角9市已经形成了“广佛肇”“深惠莞”“珠中江”三大城市圈，且近年来粤港澳地区致力于“湾区”共建，协调一体化发展，在原有基础上，基本上形成了“广佛肇”“深惠莞港”“珠中江澳”新三大城市圈，各城市圈基于不同的资源禀赋和地理区位，有着不同的发展定位，基于此，对三大城市圈分别进行了回归，探讨粤港澳三大城市圈市场一体化的异质性问题。回归结果见表3-4的（4）~（6）列。

回归结果表明：各因素对粤港澳三大城市圈市场一体化的影响表现出明显的个体异质性。“广佛肇”城市圈，经济密度、通信设施、市场化水平均非常显著地促进了其市场一体化，交通设施和对外开放也促进了一体化，但不显著，而其人口密度和政府支出的提高却没有促进市场一体化。“广佛同城”“广佛产业带”是“广佛肇”城市圈一体化取得的重要成果，相对而言，肇庆由于其靠近北部山区，不利的区位，在城市圈中明显处于弱势，人口流出大于流入，且广佛财政支出也倾向于本市，导致“广佛肇”市场一体化进程受阻。

“深惠莞港”城市圈，经济密度和对外开放显著地促进了市场一体化，通信设施、市场化和政府支出不显著地促进了其市场一体化，人口密度和交通设施却对一体化产生了负向影响。“深惠莞港”城市圈位于珠江东岸，经济发展快，开放度高，已经形成比较完善的产业布局和比较完整的产业链条，经济联系紧密，同时也对周边省市，乃至全国产生了强大的“吸引力”。尤其是深圳，人口稠密，成为引力的中心，但香港、深圳人多地少，交通等设施发展有限，在一定程度制约了其市场一体化。

“珠中江澳”城市圈，经济密度、市场化和政府支出的提高均非常显著地推动了市场一体化，通信状况的改善也促进了市场一体化，但不显著。此外，人口密度、交通和对外开放却没有促进其市场一体化。珠中江澳城市圈地处珠江口西岸，经济发展水平高，市场化水平高，区内已经形成以江门为主体的机械电器产业群以及珠海、中山为中心的家庭耐用品、五金制品为主的产业带，产品流动性强，推动市场一体化发展，然而区内珠海、江门城市强弱对比明显，交通设施不健全，再加之澳门的投资与商业往来主要集中于珠海，阻碍了其市场一体化。

（三）稳健性检验

1. 内生性检验

本研究的实证研究可能存在两方面的内生性问题：一是遗漏某些随时间变化而又影响粤港澳市场一体化的非观测因素而导致内生性；二是粤港澳湾区市场一体化与各要素之间很可能存在高度的双向因果关系，各要素推动粤港澳市场一体化水平提升，促进粤港澳经济发展和增强地区吸引力，反过来又影响各要素指标的高低表现。因此，为了降低偏误，需要对上述估计模型可能存在的内生性问题进行处理。

解决内生性的有效办法是寻求合适的工具变量，对面板模型运用工具变量法进行估计，但由于本章模型中可能存在多个内生解释变量，未能找到一个较好的工具变量。因此，采用解决内生性的一般做法，选用内生解释变量的滞后一期数据作为工具变量，进行面板模型回归。这样做的好处在于通过面板内部数据的处理而得到的内部工具变量，避免了搜寻工具变量的难度，同时也能满足工具变量的外生性和相关性。回归结果见表 3－5 的（1）~（3）列，与之前回归结果相比，符号未发生变化，且显著性也未发生较大变化。

表 3－5 稳健性检验

参数	(1) *ecd* 内生	(2) *pod* 内生	(3) *gov* 内生	(4) FE
ecd	0.0131**	0.0185***	0.0202***	0.00723*
	(2.33)	(3.72)	(3.61)	(1.75)
pod	−0.330	−1.312	−0.478	0.0570
	(−0.39)	(−1.63)	(−0.61)	(0.09)
trd	−0.0617**	−0.0603**	−0.0626**	−0.0374*
	(−2.37)	(−2.32)	(−2.27)	(−1.91)
tel	0.479	0.602	0.922	0.611
	(0.66)	(0.82)	(1.16)	(1.08)
mkd	0.294	0.287	0.308	0.205
	(0.82)	(0.80)	(0.81)	(0.77)
open	0.129*	0.117*	0.227***	0.163***
	(1.92)	(1.73)	(2.75)	(3.41)
gov	2.334**	2.405**	6.810***	2.223***
	(2.24)	(2.35)	(3.24)	(2.90)
FDI	2.824***	3.480***	2.793***	1.685**
	(2.77)	(3.41)	(2.63)	(2.34)
lnpgdp	0.387***	0.437***	0.323***	0.351***
	(4.65)	(5.19)	(3.52)	(5.66)
常数项	−4.618***	−4.931***	−4.588***	−4.229***
	(−5.28)	(−5.59)	(−4.93)	(−6.57)
R^2	0.4227	0.4168	0.3420	0.542

注：括号内为其 t 的统计量值；***、**、* 分别表示在 1%、5%、10% 的水平上显著。

2. 剔除样本特殊值

由于粤港澳地区对外开放程度高，外向型经济发展水平高，尤其香港、澳门国际化程度高，易受国际因素的影响和干扰，因此，剔除2008年的指标数据，同时对于被解释变量市场一体化水平，剔除了其位于最高和最低5%水平的样本值，以消除极端样本对模型估计产生的影响，如表3-5的（4）列所示，回归结果均未发生较大变化。

第四节 结论与政策建议

本章在经济地理的3D框架下，利用粤港澳地区2001—2015年的面板数据分析了粤港澳地区密度、距离和整合的历史与现状，并在此基础上实证研究了各经济地理要素对粤港澳市场一体化的影响作用，此外，还深入研究了其对粤港澳三大城市圈市场一体化的空间异质性作用。结果发现：第一，自从港澳回归以来，粤港澳地区的密度和经济整合因素呈现上升趋势，距离因素则呈现出波动性下降趋势；第二，粤港澳9市2区的一体化指数总体是一个逐渐上升的过程，大湾区的商品市场一体化程度越来越高，各城市区域之间市场趋于整合而非分割，但局部个别年份存在波动与振荡；第三，密度因素中的经济密度促进了其市场一体化，人口密度却没有促进其市场一体化，距离因素中的交通基础设施显著地促进了粤港澳市场一体化，通信设施也促进了粤港澳市场一体化，但是不显著，在整合因素中，市场化程度的作用不显著，而对外开放水平和政府规划支出都显著地促进了粤港澳市场一体化程度；第四，各经济地理因素对粤港澳三大城市圈市场一体化的影响表现出明显的空间个体异质性，在“广佛肇”城市圈，经济密度、通信设施、市场化水平均非常显著地促进了其市场一体化，交通设施和对外开放也促进了一体化，但不显著，而其人口密度和政府支出的提高却没有促进市场一体化；在“深惠莞港”城市圈，经济密度和对外开放显著地促进了市场一体化，通信设施、市场化和政府支出不显著地促进了其市场一体化，人口密度和交通设施却对一体化产生了负向影响；在“珠中江澳”城市圈，经济密度、市场化和政府支出的提高均非常显著地推动了市场一体化，通信状况的改善也促进了市场一体化，但不显著，此外，人口密度、交通和对外开放却没有促进其市场一体化。

基于本章的研究结论，提出以下政策建议。

第一，粤港澳地区密度因素、经济整合因素与市场一体化的上升趋势和距离因素的下降趋势特征表明粤港澳湾区在当前乃至未来一段时间的建设中应继续坚持现有的一体化制度安排和政策规划，各方在当前的发展轨迹与路径下持续深入地推动粤港澳湾区落实各项顶层设计，完善公共制度以建立密度，完善基础设施以缩短距离，实施政策干预以促进经济整合。

第二，密度、距离与经济整合因素及其各经济地理要素对粤港澳市场一体化的差异性作用效果表明推动粤港澳市场一体化不仅要着重解决有关密度、距离和经济整合等方面的问题，对于3D因素和各经济地理要素，还要具有针对性。具体而言，就是要在保持经济较快发展的同时，通过逐步完善交通、通信等基础设施来提高经济效益，政府制定规划和给予政策支持来增强城市的吸引力和包容性，削弱自然壁垒和行政壁垒，提升地区市场化水平和开放程度，形成大湾区较为完善的产业布局和区位分工，但对部分问题需要针对性解决，如人口密度对粤港澳市场一体化产生了负向影响，但这并不意味着就要降低人口规模，降低城市化水平，而是要通过制定人口与产业政策，进行利益引导与补偿，发挥其“引流”与“过滤”作用。此外，对于涉及多个市、区的公共层面的措施需要一个超越粤港澳省级层面的机构予以领导和规划，因此，建议由中央政府成立粤港澳大湾区建设统一领导小组，顶层规划，组织多边协调与共商，充分发挥各方建设的积极性。

第三，各经济地理要素对粤港澳三大城市圈市场一体化的空间异质性影响表明在大湾区内，各城市群具有明显的个体特征和空间异质性，各要素对市场一体化的作用效果呈现出空间个体差异，因此，政府制定规划与方案要充分考虑粤港澳 9 市 2 区各个城市的资源禀赋、区位特征和比较优势，各个城市依据自身特征实施一体化建设既要发挥自身长处，也要解决短板问题。“广佛肇”城市圈要继续发挥“广佛同城”优势，同时也要加强两市与肇庆的经济社会融合，实现“三城同一”，要加大对肇庆的经济扶持与利益补偿，增强其吸引力，防止其要素过度外流；“深惠莞港”城市圈要通过产业的梯度转移来拓展城市发展空间，着重发展高技术与新兴产业等资本、技术密集型产业，疏解城市人口，规划建设现代交通网络与物流体系，挖掘城市空间；“珠中江澳”城市圈要在当前的产业分工体系下进一步推进协调一体化发展，完善交通、信息等基础设施，建立现代化交通网络和一体化信息平台，探索非毗邻地区的跨区域合作机制。

第四章 制度差异、市场一体化与粤港澳大湾区经济增长

当前，粤港澳大湾区一体化建设正以不可逆转之势向前推进。大湾区实现市场一体化，可以消除湾区内各种商品和要素流动的经济和非经济壁垒，促成湾区统一大市场的形成，从而为区域内产业分工的细化和合理布局、资源配置的优化和效率提升以及区域规模经济的有效发挥提供条件，并最终实现区域一体化发展。

对市场一体化水平，诸多学者分别用不同的方法进行了测算和分析。Young（2000）最早用生产法研究了中国市场一体化表现，认为中国存在着严重的国内市场割裂，经济诸侯（沈立人等，1990）林立，严重阻碍了国内市场一体化建设。Poncent（2005）用贸易流法研究发现20世纪90年代我国市场一体化正逐步弱化，衡量市场割裂程度的边界效应显著上升。国内有部分学者持此观点，如郑毓盛等（2003）认为地方分权促进了市场竞争，但同时也造成了地方分割，产生了市场扭曲。也有学者得出了与此相反的结论。如赵奇伟等（2009）利用分地区居民消费价格指数等测算了消费品市场、资本品市场和劳动力市场的分割指数，发现中国各地区市场分割程度都出现了稳定的收敛趋势，意味着中国市场日趋整合。Park（2002）、陆铭等（2006）、桂琦寒等（2006）采用价格法评价了中国相邻省份的商品市场整合程度，他们认为中国国内市场整合程度总体呈上升趋势。此外，Naughton（2003）、邢伟波等（2009）、徐现祥等（2007）采用贸

易流法，白重恩等（2004）、胡向婷等（2005）采用生产法得到20世纪90年代以来国内市场一体化程度正逐步加强的结论。

对市场一体化对经济发展的作用问题，诸多学者进行了研究，发现市场一体化对经济增长的影响并非一成不变，个体和时期的差异性会影响结果，并未得出统一性的结论。现有实证结论包括三种情形：第一种结论认为市场一体化有助于经济增长，如徐现祥等（2007）以1990—2002年的长三角城市群为例，从理论和实证两个方面证明了选择区域一体化的地方政府取得了更快的经济增长，长三角的地方政府官员自1992年选择区域一体化实践后，平均增长速度显著地比全国其他非一体化区域高；第二种结论认为市场非一体化会促进经济增长，如陆铭等（2009）和付强（2017）的研究发现在某一特定时期，市场分割会促进经济增长，即区域市场整合对全要素生产率产生了负面影响；第三种结论认为市场一体化对经济增长影响与区域经济发展水平有关，如刘志彪等（2010）的研究。此外，还有部分研究认为市场一体化对经济增长存在非线性影响，如陆铭等（2009）进一步研究了邻省之间商品市场的分割对省级经济增长的影响，他们发现分割市场对经济增长具有“倒U形”的影响，即对于超过96%的观察点来说，市场分割有利于本地的经济增长，并且对于经济开放程度更高的观察点来说，分割市场可能更有利于当地的增长。

综上所述，目前的研究大都是从全国视角出发，分析各地产品市场一体化水平及其对经济发展的作用。但是中国地区发展极不平衡，东中西区域差异显著，此外，我国尚未推动建立统一性的全国市场，更多的是实行区域一体化战略，如京津冀、长三角和珠三角等地方性区域一体化市场和经济。因此，如果单纯考虑全国市场一体化水平可能会出现失真和误判现象，地方性区域性经济体是更加值得研究的对象，只有如此，才能由点及面，推而广之，为全国建立一体化市场和经济提供示范和借鉴意义。新时代以来，粤港澳大湾区已上升为国家级战略，是华南乃至全国最大的区域性经济体，具有独特的经济意义和研究价值。本章以粤港澳大湾区为样本，研究其在存在制度差异的情况下市场一体化水平的发展与演进趋势，并考察其对大湾区经济增长的影响。

第一节　研究设计

（一）模型构建

自从 Solow 增长模型（1957）提出以来，对经济增长问题的研究就层出不穷，尤其是经济增长的来源问题，而 Poncet（2003）、陆铭等（2009）、付强（2017）分别基于不同的设定将市场分割引入到经济增长的实证模型中。本节在他们的研究基础上，借鉴其研究思路，检验存在显著制度差异的粤港澳大湾区这一特殊经济样本下，市场一体化对粤港澳大湾区经济增长的作用机制。参考陆铭等（2009）的研究，本章基准实证模型设定如下

$$Y_{it} = \alpha + \beta MI_{i,t-1} + \gamma MI_{i,t-1}^{2} + \varphi X_{i,t-1} + \mu_i + \varepsilon_{it} \quad (4-1)$$

式中：i 表示地区；t 表示年份；Y 为地区经济增长；MI 是市场一体化，MI^2 为 MI 的平方项；X 为一系列的控制变量；μ 为个体效应；ε 表示随机扰动项。为了缓解和弱化模型联立性内生问题和反向因果问题，所有的解释变量均滞后一期。

粤港澳大湾区城市群最大的特色是“一国两制”，涉及两种不同的社会制度，两种不同的关税形式，社会制度背景与国内其他城市群存在很大差异，对城市群内经济资源和要素的空间流动会有不同的影响（梁经伟等，2018）。为此，在式（4－1）的基础上，借鉴梁经伟等（2018）的研究，引入制度变量与市场一体化的交叉项，以此来考察不同的社会制度下，粤港澳大湾区市场一体化对其经济发展的总效应为

$$Y_{it} = \alpha + \beta MI_{i,t-1} + \gamma MI_{i,t-1}^2 + \delta MI_{i,t-1} \times INS_{i,t-1} + \varphi X_{i,t-1} + \mu_i + \varepsilon_{it} \quad (4-2)$$

式中：*INS* 表示社会制度变量。

（二）变量选取

被解释变量 *Y* 为地区经济增长，在经济增长变量的选取上一般选用三种方法：一是采用实际 GDP 或者实际人均 GDP 的增长率（陆铭等，2009；付强，2017），二是采用实际人均 GDP 的自然对数差分值来表示增长率（林毅夫等，2003），三是采用实际人均 GDP 或者人均 GDP 的自然对数值来表示经济增长水平（沈坤荣等，2001）。对此选用哪种方法更科学目前尚无定论，从经济增长的研究经验来看，学者们的检验结果可谓见仁见智，本章采用第三种方法，即选取人均 GDP 的自然对数值来表示粤港澳大湾区各城市区域经济增长的水平。

市场一体化变量 *MI*，其数据如前文运用相对价格法测算所得结果，MI^2 为市场一体化变量 *MI* 的平方项，为便于后文表述，现将其记为 *MI2*。制度变量（*INS*）：借鉴梁经伟等（2018）的研究，对于政治制度（INS_1），以虚拟变量的形式刻画，香港和澳门是资本主义制度赋值为 0；广东 9 个城市是社会主义制度，赋值为 1；对于经济制度（INS_2），选用市场化指数来表示，其计算方式为非国有经济产值占 GDP 的比重。

X 是包括一系列控制变量的集合。我们选取了以下的控制变量。经济增长理论表明资本和劳动力是影响经济增长的重要因素，因此，我们分别控制社会人均资本存量（*PMK*）和社会劳动力占比（*PL*）。其中社会资本存量采用“永续盘存法”来测算，社会资本存量与城市人口相比，即得到社会人均资本存量。社会劳动力占比（*PL*）为社会劳动力人口占地区总人口的比重。此外，控制变量还包括贸易开放度（*OPEN*），采用进出口总额占

GDP 的比重衡量；政府支出（*GOV*），用政府财政支出占 GDP 的比重这一指标反映政府调控经济能力的水平。

（三）数据说明

基于数据的可得性和有效性，本章选用粤港澳大湾区 11 个城市 2001—2015 年的经济指标数据，组成面板数据进行分析。全部原始数据来源于《广东省统计年鉴》《中国统计年鉴》，以及香港政府统计处网站和澳门特别行政区政府统计暨普查局网站，部分缺失值通过插值法补全。本论文使用计量经济学软件 stata 14.0 和 Matlab 8.0，根据模型和数据，进行实证分析。基于上述数据来源，通过对数据的收集、整理和测算，列出粤港澳大湾区总体相关变量的描述性统计见表 4－1。

表 4－1　变量描述性统计

变量	观测值	均值	标准差	最小值	最大值
Y	165	11.018	0.916	8.965	13.22
MI	165	0.516	0.251	0.151	1.667
MI2	165	0.329	0.393	0.023	2.778
PMK	165	2.409	1.910	0.192	10.32
PL	165	0.592	0.099	0.154	0.846
OPEN	165	1.478	1.033	0.216	3.671
GOV	165	0.109	0.047	0.048	0.291
INS_1	165	0.818	0.387	0.000	1.000
INS_2	165	0.872	0.101	0.597	1.000

进一步地，我们根据数据集画出了城市经济增长与市场一体化指数的散点图及其拟合曲线，如图 4－1 所示。其中，左图给出了线性拟合直线，右图给出了二次拟合曲线，据图判断，粤港澳大湾区市场一体化与城市经济增长之间呈现正相关关系。

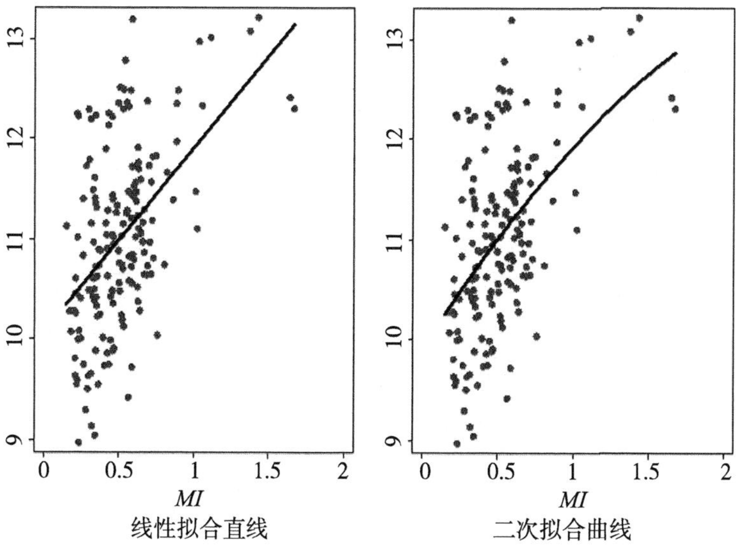

图 4 - 1　城市经济增长与市场一体化指数的散点图及拟合曲线

第二节　实证分析

（一）模型检验

在回归之前，我们对面板数据进行了面板单位根检验，验证了数据的平稳性。同时，也计算了变量的相关系数矩阵和各解释变量的方差膨胀因子（VIF），验证了解释变量之间不存在多重共线性问题。

由于本章选用的为粤港澳大湾区 9 市 2 区 2001—2015 年的长面板数据，每个个体的信息较多，随机扰动项 ε_{it} 可能存在自相关与异方差，不是独立同分布的，此时，普通最小二乘估计是非一致的。因此，我们对模型的随机扰动项可能存在的组间异方差、组间同期相关和组内自相关性分别进行了 Wald 检验、Breusch - Pagan LM 检验和 Wooldridge 检验。检验结果表明存在显著的组间异方差、组间同期相关和组内自相关。基于此检验结果，我们使用可行广义最小二乘法（FGLS）对模型进行估计，同时控制个体效应和时间效应，可以得到无偏一致的估计量，估计结果见表4－2的（1）~（3）列。

表4－2　基准模型回归结果

参数	(1) Y	(2) Y	(3) Y	(4) Y	(5) Y
$L.MI$	0.221*** (8.05)	0.0300*** (4.21)	0.180*** (5.33)	0.770*** (7.61)	−0.276** (−2.50)
$L.MI2$			−0.0982*** (−4.85)	−0.368*** (−7.68)	−0.182*** (−6.09)
$L.MI \times INS_1$				−0.338*** (−5.94)	
$L.MI \times INS_2$					0.650*** (4.91)
$L.PMK$		0.130*** (15.93)	0.138*** (13.52)	0.154*** (14.98)	0.155*** (13.61)
$L.PL$		0.792*** (12.36)	0.750*** (8.01)	0.772*** (7.18)	0.660*** (6.77)
$L.OPEN$		0.0857*** (6.46)	0.0827*** (4.53)	0.0747*** (4.19)	0.0810*** (4.35)
$L.GOV$		1.648*** (8.01)	2.568*** (7.58)	2.589*** (7.04)	3.245*** (8.29)
常数项	10.96*** (222.95)	9.908*** (153.11)	9.825*** (97.89)	9.724*** (98.15)	9.765*** (87.68)

注：括号内为该统计量的 t 值；***、** 分别表示在1%、5%的水平上显著。

（二）实证结果分析

1. 基准模型回归结果

表4－3的（1）列为城市经济增长对市场一体化变量的回归

结果，（2）列的回归中加入了控制变量，（3）列则进一步加入了市场一体化变量的平方项，以检验市场一体化与城市经济增长之间的非线性关系。本章以（3）列的估计结果进行分析与讨论。估计结果显示市场一体化及其平方项的系数分别为 0.180 和 -0.0982，均在1%的显著性水平上通过检验，这表明在控制其他因素的条件下，市场一体化显著地促进了粤港澳大湾区城市的经济增长，而且市场一体化与经济增长之间存在“倒 U 形”的非线性关系，其驻点为 0.916，即当城市市场一体化水平小于 0.916 时，市场一体化促进经济增长；当城市市场一体化水平大于 0.916 时，市场一体化会阻碍经济增长。这可能是因为在市场一体化水平较低时，通过政府规划和改革打破了市场分割，相关生产要素和资源等能够跨区流动，政策红利释放，市场一体化程度提升，进而生产效率得到较大提高，促进城市经济增长，而到一定程度后，政策制度红利释放完毕，生产效率的提升遇到瓶颈，相关要素和资源的需求发生由量到质的转变，市场一体化对经济增长的促进作用受到限制，此时可能需要更加深入的改革、更深层次的市场融合来挖掘市场潜力。粤港澳大湾区城市恰好符合这种市场一体化发展趋势，改革开放和港澳回归以来，广东不断加强与港澳的经济合作：1978—2003 年，形成以前店后厂为主要形式的制造业垂直分工体系；2003—2014 年，实现以服务贸易自由化为核心的粤港澳深度合作与创新；2014 年至今，基于粤港澳大湾区宏观战略导向的制度创新推动粤港澳全面深度合作，使粤港澳三地不断进行改革，政策创新，推动粤港澳大湾区市场一体化不断加深，促进城市经济持续增长。

从其他控制变量来看，劳动力（*PL*）、资本（*PMK*）、政府支出规模（*GOV*）和贸易开放度（*OPEN*）对粤港澳大湾区城市经济增长的影响均与预期的正向作用相同，且均具有显著性。

2. 制度差异性检验回归结果

我们在基准模型的基础上，引入了市场一体化与制度变量的交叉项，具体地，分别引入了市场一体化与政治制度、市场一体化与经济制度的交叉项，构建了变系数模型以检验政治制度和经济制度差异在市场一体化的经济增长效应中的差异化影响，回归结果见表 4 – 2 的（4）~（5）列。

（4）列中，市场一体化及其与政治制度的交叉项的系数分别为 0. 770 和 – 0. 338，均通过了 1% 的显著性检验，这表明市场一体化显著地促进了城市经济增长，但是在珠三角地区，社会主义政治制度对市场一体化的经济增长效应有一定的抑制作用。

（5）列中，市场一体化及其与经济制度的交叉项的系数分别为 – 0. 276 和 0. 650，均通过了 1% 的显著性检验，这表明大湾区城市经济制度的差异对市场一体化的经济增长效应有显著的调节性作用，即随着大湾区城市经济市场化水平的不断提升，市场一体化对城市经济增长的阻碍作用不断削弱，促进作用会进一步加强。

（三）进一步研究

通过前文文献综述发现，有部分学者如陆铭等（2009）、盛斌等（2011）和毛其淋等（2012）的研究认为，开放经济条件下，国内市场和国际市场在生产、流通和消费环节都有着十分密切的联系，对外开放与国内市场一体化之间可能存在替代关系，也可能存在同步互补性。而粤港澳大湾区，尤其是珠三角是我国最早进行对外开放的地区，对外开放水平高，国际化程度高，国际市场广阔，因此，有必要进一步检验粤港澳大湾区是否由于对外开放程度高而由此弱化了国内市场融合对区域经济增长的作用。为此，我们在模型中引入了市场一体化指数或者其平方项与对外开放度的交互项，进行回归，回归结果见表 4 – 3 的（1）~

(2) 列。结果发现，市场一体化对城市经济增长的作用仍呈现“倒 U 形”，市场一体化指数或者其平方项与对外开放度的交互项系数均显著为正，这表明对外开放会强化市场一体化对城市经济增长的促进作用，二者之间具有互补性。

另外，市场一体化对经济增长的作用可能与区域经济发展水平有关，因为发达地区相较于落后地区拥有技术优势、产业优势，虹吸效应强，使得发达地区从中获利，经济得到增长，而落后地区由于在竞争中不具备优势，且要素流出，导致经济发展较为缓慢（卜茂亮等，2010；柯善咨等，2010）。对此，为检验粤港澳大湾区内市场一体化对经济增长的作用是否会呈现出城市经济发展水平差别，我们通过对粤港澳大湾区 9 市 2 区 15 年来的人均实际地区生产总值进行排序，得到其中位数为 68922.65 元，以此值为临界点，高于此值的城市纳入高经济发展水平组，低于此值的城市纳入低经济发展水平组，进行分组回归，回归结果见表 4－3 的 (3)～(6) 列，其中，(3)～(4) 列为高发展水平城市组回归结果，(5)～(6) 列为低发展水平城市组回归结果。根据回归结果发现在高发展水平的大湾区城市中，市场一体化系数显著为正，而在低发展水平的大湾区城市，市场一体化则没有表现出对经济增长的促进作用。此结论验证了上述学者的观点。

表 4－3　进一步研究的回归结果

参数	(1)	(2)	(3)	(4)	(5)	(6)
			高发展水平城市		低发展水平城市	
L. MI	0.183***	0.364***	0.0929***	0.365***	0.0360	0.00844
	(5.03)	(6.70)	(2.72)	(3.59)	(0.47)	(0.03)
L. MI2	−0.226***	−0.372***		−0.161***		0.119
	(−6.89)	(−6.56)		(−2.67)		(0.40)

续表

参数	（1）	（2）	（3）	（4）	（5）	（6）
			高发展水平城市		低发展水平城市	
L. MI × *OPEN*	0.0950***					
	（6.40）					
L. MI2 × *OPEN*		0.0649***				
		（6.14）				
L. PMK	0.183***	0.173***		0.133***		0.510***
	（18.21）	（16.08）		（7.14）		（10.91）
L. PL	0.663***	0.568***		0.564***		0.773***
	（5.77）	（4.90）		（3.32）		（4.40）
L. OPEN	0.0614***	0.0702***		0.0101		0.187***
	（2.73）	（3.38）		（0.48）		（4.86）
L. GOV	2.798***	2.289***		2.424***		−4.428***
	（8.05）	（6.84）		（4.33）		（−2.64）
常数项	9.763***	9.916***	11.54***	10.39***	10.44***	9.429***
	（91.26）	（84.00）	（173.59）	（69.60）	（78.89）	（49.60）

注：括号内为该统计量的 t 值；*** 表示在 1% 的水平上显著。其中高发展水平城市为广州、深圳、香港、澳门、佛山和珠海；低发展水平城市为中山、东莞、惠州、江门和肇庆。

第三节　结论与启示

本章利用粤港澳大湾区 9 市两区 2000—2015 年商品 CPI 指数，使用“相对价格法”测算了粤港澳大湾区市场一体化水平并分析其演进特征，最后建立面板变系数模型。运用 FGLS 实证研究了市场一体化促进粤港澳大湾区经济发展的作用机制，得出以下研究结论。

第一，自 2001 年以来，粤港澳大湾区市场一体化程度整体上不断提高，各城市之间市场趋于整合而非分割；第二，市场一体化显著地促进了粤港澳大湾区城市的经济增长，而且市场一体化与经济增长之间存在“倒 U 形”的非线性关系，其驻点为 0.916；第三，粤港澳大湾区社会制度差异在市场一体化的经济增长效应中存在显著的差异化影响，资本主义制度下，市场一体化对经济增长的促进作用较大，社会主义制度对市场一体化的经济增长效应有一定抑制作用；第四，粤港澳大湾区高水平的对外开放会强化市场一体化对城市经济增长的促进作用，对外开放与市场一体化之间具有互补性；第五，在粤港澳大湾区内市场一体化对经济增长的作用在不同经济发展水平的城市之间表现出明显的差别，在高发展水平的大湾区城市中，市场一体化系数显著为正，而在低发展水平的大湾区城市，市场一体化则没有表现出对经济增长的促进作用。

基于本章研究结论，提出以下政策建议。

第一，在“粤港澳大湾区”共建、共享的新时代，在现有基础上应进一步深入推进市场一体化，继续坚持大湾区一体化发展理念，以粤港澳产品、生产要素和服务等的自由流动为抓手，建立起统一的产品、要素和服务市场，拓展合作广度，加深合作深度，助力大湾区建设，同时也有助于珠三角深入推进供给侧结构性改革。

第二，“一国两制”的制度差异既为一体化发展形成了挑战，但同时也提供了机遇，要推进包括关税和法律等的体制机制创新，发挥“制度分工”的优势，港澳国际化特点和广东改革开放的先行先试，通过搭建“政策桥”来化解“两制”差异下可能产生的发展障碍，促进粤港澳三地资源要素高效便捷流通，推进市场一体化发展，另外，随着大湾区市场化水平的不断提高，政府的职能更多地被市场所取代，充分的市场自由使得一体化的经济收益更高，因此，要厘清政府与市场之间的关系及其角色转换，发挥由市场配置资源的能力，政府更多地起到制度建设与政策引导的作用。

第三，要从广度和深度两个层面继续扩大对外开放，发挥对外开放与市场一体化之间的互补作用，实现城市内外两种需求和规模经济协调发展，通过对外开放与区域市场一体化之间的互相促进，强化二者对粤港澳大湾区城市经济发展的促进作用。

第四，要缩小大湾区城市间的发展水平差距，发展水平差距过大不利于发挥区域整合和市场一体化对区域经济增长的促进作用，但这不意味着要抑制高水平城市的发展，重点是要提升大湾区内经济发展水平相对较低的城市，如江门、肇庆等，可以通过广州和深圳等发达城市的产业转移和产业扩散来帮助其实现尾部追赶，在提升大湾区整体发展水平的基础上，缩小城市差距，实现“溢出效应”和“回波效应”的良性互动。

第五章 欧洲一体化要素自由流动对粤港澳大湾区建设的借鉴

经济全球化带来了资本、劳动和技术等生产要素的跨国界流动，全球经济体系发生了深刻的变化。国际产业逐渐形成了以工序、阶段、环节为对象细分的分工模式，以实现全球资源有效配置，达到整体效益最大化，作为全球要素整合结果的全球价值链应运而生。发达国家凭借研发、设计和品牌管理等优势成为全球价值链（GVC）的治理者，控制了整条价值链并获得大部分的利润；而嵌入价值链的粤港澳大湾区产业由于不利的资源禀赋，被迫处在价值链和价值网的低端。转变粗放型发展模式、提高自主研发和创新能力、推动粤港澳地区一体化和要素自由流动，已经上升为国家规划。

粤港澳大湾区并不是在同一个政治经济体制下运行的，欧洲一体化为粤港澳在政治、经济、地域间制度多样性、互补性合作等方面均具有典型的借鉴意义。研究欧洲一体化要素自由流动的关键节点、影响因素、政策选择与变迁，对于粤港澳大湾区一体化和要素自由流动具有现实的借鉴和指导意义。以欧洲一体化要素自由流动作为典型案例深度剖析，从产品市场和要素市场两个维度研究粤港澳大湾区密切合作，统筹协调，实现市场一体化，才有利于成为国际一流湾区和世界级城市群。本书对粤港澳大湾区市场一体化与要素自由流动借鉴欧洲一体化进行研究，不仅为区域一体化理论和新经济地理学理论提供了一个崭新的样本并丰富了已有理论，还对粤港澳大湾区的发展具有重要理论指导意义并提供相应建议。

第一节　欧洲一体化概述

（一）欧洲一体化概念界定

欧洲一体化，从广义上说，是指迄今欧洲各国为实现和平、抵制战争和发展经济而提出的欧洲联合、欧洲统一的思想及其进行的实践运动；从狭义上讲，是指第二次世界大战结束以来，由于经济重建的需要和冷战爆发，西欧部分国家在美国支持下，从建立欧洲经济合作组织开始到建立欧洲经济共同体、欧共体和欧盟的历史过程，这一过程使西欧经济上不断趋向联合，并以各国部分让渡国家主权，建立某些部门中的超国家机构为标志，带动着欧洲社会与政治逐步地、有条件地走上联合之路。

（二）欧洲一体化的历史背景

1. 就历史渊源而言，欧洲一直都有统一的欲望

（1）便利的自然条件，为欧洲统一提供了可能性。欧洲是世界上最小的一个洲，总面积只有 1016 万平方千米，大致相当于当今中国和美国的面积。欧洲的地势是各大洲中最平坦的，平均海拔只有 300 米，海拔 200 米的地区占总面积的 60%，整个欧洲基本上无人类难以逾越的自然障碍，为欧洲统一提供了可能性，按欧亚大陆上通行的一般规律而言，这样平坦的地势，完全有理由形成一个如中国、美国等的统一的国家。

（2）欧洲人通过武力统一欧洲的努力不曾间断。欧洲也像世界其他地区一样，都发生过为了统一而进行的战争，平坦的地势和自然条件始终为那些有政治欲望的人提供着实现政治野心的便

利。在历史上也不止一次出现过强权，希望通过征服战争统一欧洲这片地区，建立一个庞大的中央集权统治帝国，以前中世纪有查理大帝和奥托一世，到了近代有拿破仑和希特勒，他们都尝试着用武力统一欧洲，虽然他们的努力最终都以失败告终，但他们统一欧洲的意愿却不曾间断。

（3）欧洲有着共同的文化基础。基督教作为中世纪欧洲文明、西方文化的载体，它是西方文化传播的根源，并且促使了“欧洲观念”的形成。各地习俗、文化、生活方式、人际关系等方面都深受基督教文化的影响，基督教成为他们彼此之间联系的有效黏合剂，成为欧洲共同的意识形态，尤其是遍及各个地方的教会，更是影响深远。西方基督教被视作一个整体，基督教在精神上统一了欧洲（张旭鹏，2004）。

2. 就现实利益而言，欧洲统一是欧洲想要继续生存的必然选择

（1）第二次世界大战后欧洲的现状。第二次世界大战后，西欧资本主义国家普遍衰落，欧洲面临极其严重的政治和经济困难。首先，战争不仅使得 3000 多万欧洲人丧失生命，并且使得欧洲的经济遭到极大破坏，振兴经济成为各国的当务之急。然而，在当时的条件下，单靠各国自身薄弱的力量，要想重新站立起来，甚至只想继续生存下去都是很困难的。同时，美国为了对抗苏联的威胁，也不遗余力地促进欧洲的一体化运动（赵怀普，1999）。

除了经济上的困难外，欧洲也面临着严重的政治危险，经历战争冲击的欧洲再也不是世界的中心了。世界大战后，欧洲的一些国家无论是战胜国还是战败国，都沦为了二三流国家，欧洲人切实意识到了这种生存危机，劫后余生的各国都渴望改变现状，但是它们依靠自己单独的能力根本做不到，只有联合起来，才能

在美国和苏联的中间生存和发展。此外，冷战的气氛日浓，面对美苏的争夺，也逼得欧洲各国尽快做出选择。在严峻的国际局势面前，欧洲人认识到唯有联合才有出路。可以说，冷战的爆发逼得欧洲各国必须联合起来。

（2）对战争的反思。从 17 世纪直到第二次世界大战以来，人们对连绵不断的战争反思不断，欧洲为什么长年会有战争？怎么做才能结束频繁的战争？人们逐渐发现自从 17 世纪以来欧洲的战争，尤其影响较大的战争，基本上是围绕着欧洲的统一而战的。两次世界大战，尤其是第二次世界大战的彻底失败，更让欧洲人意识到，武力统一欧洲已经不再可能了，他们已经错过了能够通过武力统一的最佳时机，因为现在的欧洲不仅是欧洲人的欧洲，而是世界的欧洲了，他们已经不能自己主宰自己的命运了。那么欧洲究竟怎样才能避免再次陷入战争的危害呢？其实，在近代哲学家、思想家当中早就产生了把分裂的欧洲联合起来结成一个利益共同体以实现永久和平的设想。因此，欧洲联合一开始就与和平愿望联系在一起。

（3）高度发展的资本主义对市场的需要。当资本主义发展到一定阶段后，为了更好、更高地发展，除了需要广阔的市场和原料产地之外，还需要整齐划一的市场和竞争规则，要简化各项税收政策，要有统一的货币政策等，以便于商品的自由流通，而现实是，欧洲日益分裂，显然这种分裂不利于大规模进行生产，不利于与美国、苏联等超级大国争夺市场。这显然是一场主观意志与客观发展需求之间的矛盾和斗争，客观的发展需求是不可阻挡的，而一个统一的欧洲则是这种客观发展的必然结果。欧洲一体化成功的因素如图 5 –1 所示。

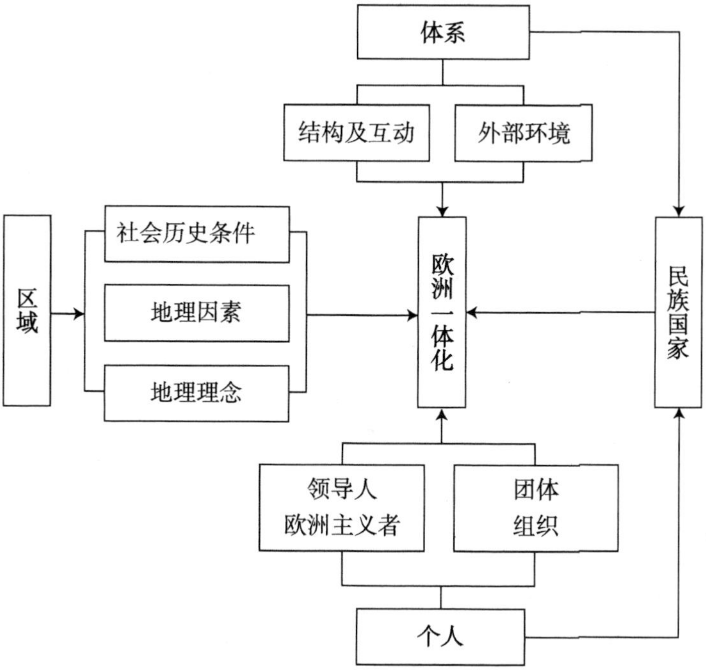

图 5-1　欧洲一体化成功的因素

（三）欧洲一体化的发展进程

第二次世界大战后，在冷战存续期间，西欧国家在美国的援助下逐渐走出战争创伤，但已无法恢复到战前的国际地位。西欧国家为了自强，开始走向一体化的道路。回眸欧洲一体化的历史，欧洲社会发生了深刻变化。目前，欧洲一体化进程在深度和广度上不断发展，重塑欧洲形象，必将对未来欧洲、世界政治和经济格局的演变产生重大而深远的影响（张海冰，2003）。

欧洲一体化进程大致分为如下几个重要阶段。

（1）欧洲共同体的出现。1951 年法、意、荷、比、卢、联邦德国六国正式签署《欧洲煤钢共同体条约》，1952 年欧洲煤钢共同体正式成立，标志着欧洲经济一体化的开始。1957 年，六国首脑在罗马签署《罗马条约》。1958 年，欧洲经济共同体和欧洲原子能共同体在布鲁塞尔宣告成立。1967 年，欧洲经济共同体、欧洲原子能共同体和欧洲煤钢共同体合并为欧洲共同体。

（2）关税同盟的建立。欧洲共同体（以下简称“欧共体”）成立后成员国内部逐渐取消各种关税，实现贸易自由化，对外建立共同的关税率。1968 年，关税同盟建立。各国的经济联系越来越密切，大大促进了贸易的发展。

（3）统一大市场的建立。1985 年，欧共体进一步提出建立没有内部边界的统一大市场，实行人员、商品、资本、劳务的自由流通。1993 年，大市场正式开始运作。大市场的启动，促进了区域内各国的经济合作与发展，为欧洲实现经济政治等方面更高程度的联合奠定基础。

（4）欧盟的建立。1991 年，欧共体各成员国签订了《马斯特里赫特条约》，即《欧洲联盟条约》。它大大扩大了一体化的范围，确立分阶段实现欧洲经济和货币一体化的目标任务和步骤，并正式将“欧共体”改名为“欧洲联盟”。1993 年，欧盟正式成立。从欧共体到欧盟的发展，标志着欧共体正式由一个以经济合作为主的组织转变为一个具有政治和经济双重性质的组织。

（5）欧元的诞生。1995 年，欧盟决定将欧洲单一货币定名为欧元，2002 年正式启用。欧元的诞生是欧洲经济一体化进程中具有历史意义的里程碑。它的实施必将构成新的动力，推动欧洲走向更高层次的联合。

（6）欧盟的扩大。随着欧盟经济一体化的深入，欧盟的成员国不断增加。成立之初有 6 个成员国，1995 年增至 15 个，2004 年，又同意接受匈牙利等 10 国入盟，欧盟扩大到 25 个成员国，力量日益增强。欧盟成立至今已经历了 6 轮扩大，目前共有 28 个成员国，欧盟扩大进程仍在继续。

（7）欧洲一体化进程的逆转。英国脱欧。2013 年 1 月 23 日，英国时任首相卡梅伦首次提及脱欧公投。2015 年 5 月 28 日，英国政府向下议院提交并公布了有关“脱欧公投”的议案。2017 年 3 月 16 日，英国女王伊丽莎白二世批准“脱欧”法案，授权英国时任首相特雷莎·梅正式启动脱欧程序。2018 年 3 月 19 日，欧盟与英国就 2019 年 3 月英国脱离欧盟后为期两年的过渡期条款达成广泛协议。2018 年 6 月 26 日，英女王批准英国脱欧法案，允许英国退出欧盟。英国脱欧将对欧洲的国际关系以及欧盟的未来产生深远影响，使欧洲一体化进程遭受巨大冲击（张业亮，2016）。欧盟成员国发展历程见表 5 – 1。

表 5 – 1　欧盟成员国的发展历程

入盟时间	入盟国家	欧盟成员国数
1952	法国、联邦德国、意大利、荷兰、比利时和卢森堡	6
1973	英国、丹麦和爱尔兰	9
1981	希腊	10
1986	葡萄牙和西班牙	12
1995	奥地利、瑞典和芬兰	15
2004	马耳他、塞浦路斯、波兰、匈牙利、捷克、斯洛伐克、斯洛文尼亚、爱沙尼亚、拉脱维亚和立陶宛	25
2007	保加利亚和罗马尼亚	27
2013	克罗地亚	28

（四）欧洲一体化的主要特点

第二次世界大战后发端的欧洲一体化进程逐步形成其自身的发展特点和规律性：经济一体化的先导作用，一体化政策的弹性适用，政府间主义与超国家主义的动态平衡，一体化利益均摊原则，精英驱动的一体化进程，主权的集合与共享。这些特点和性质明确地引导第二次世界大战后西欧发达资本主义国家摆脱高度发达但疆域相对狭小的困境以及抗衡外部政治经济竞争压力，从而寻求区域一体化的创新（刘文秀，2004）。可以预见，欧洲一体化的这种特点和性质仍会体现在未来的一体化进程中，并在一定程度上代表了战后国家垄断资本主义联盟发展的新特点。

1. 经济一体化的先导作用

回顾欧洲一体化半个世纪的发展进程，一个最为明显的特征就是经济一体化主导了整个一体化的发展脉络。尽管战后欧洲一体化的动因有多种，即政治的、经济的、历史的、文化的等。但最能将西欧国家或者说欧洲国家整合起来的是经济领域的一体化。当经济一体化发展至一定程度需要政治引导或政治调控时，某种程度的政治合作乃至一定程度的政治一体化才会发生。

2. 一体化政策的弹性适用

一体化政策的弹性适用表现为成员国有致力于推进一体化的选择权，亦有退出一体化进程的自主权。如欧盟谨慎地推行“多速欧洲”战略，《马斯特里赫特条约》允许英国和丹麦享有实施经济——货币联盟的例外权，允许英国暂不实施社会宪章等，这些均体现了欧盟成员国的主权意志并未因其成员国身份而受到减损。在一体化发展进程中，成员国在特定政策问题上仍保有极大的回旋余地。事实上，这种灵活性也是保证一体化顺利发展的必要前提和基础。

3. 政府间主义和超国家主义的动态平衡

在欧洲一体化的发展进程中，一个明显的特征就是成员国既要维护其主权权力，又要寻求以合作乃至一体化的方式不断扩展其主权利益，这样就不可避免地产生了政府间主义和超国家主义两种思维和行为模式的冲突与妥协。因而，欧洲一体化进程明显地表现为政府间主义与超国家主义的动态平衡过程。

4. 一体化利益均摊原则

一体化利益均摊或保证一体化政策发展使各方均受益是一体化具有巨大向心力的重要前提，但同时也带来了政策发展缓慢和难以实现最佳政策效果的副效应，这也是欧盟政策发展与主权国家政策发展的一个重要差异。

5. 精英驱动的一体化进程

欧洲一体化发端伊始，被誉为“欧洲之父”的让·莫内、罗伯特·舒曼以欧洲一体化设计师的形象为一个联合的欧洲蓝图铺就了第一层阶梯——欧洲煤钢共同体。戴高乐、阿登纳作为法德轴心的领军人物成功引导了欧洲一体化迅速发展的黄金时期。从欧洲一体化的总体发展历程来看，一体化的任何一项重大举措都不是简单的水到渠成的自然发展进程，而是以精英理念化之为行动为重要前提的。

6. 主权的集合和共享

欧洲一体化的发展进程实际上是一个成员国主权让渡不断深化的过程。欧盟国家是将主权让渡到欧盟层次上，并进而在欧盟层次上行使主权权力。首先，从欧盟的政策范畴来看，在一体化程度较高的政策领域如单一欧洲市场、共同农业政策和单一货币政策等领域，欧盟国家已经丧失了在国家层次上的政策制定权。其次，从欧盟机构设置的角度来看，欧盟将主要立法权赋予政府间机构部长理事会和欧洲理事会。因而，可以认为，欧盟国家主权让渡的特点是主权的集合与共享，这种集合与共享从欧盟的政策范畴和机构设置中得以充分表现（朱仁显等，2002）。

（五）欧洲一体化的历史意义

欧洲的一体化进程影响深远，意义重大。欧洲一体化符合欧洲的整体利益和各国利益，对世界政治、经济格局产生巨大影响。

经济上，强化了欧洲各国之间的经济关系，增强了欧盟对外的经济竞争力，提高国际经济合作水平，使国际经济竞争变得更加激烈。

政治上，增强了欧盟各国在世界中的影响力，强化了世界多样化趋势的形成与发展，有利于抑制美国搞单极世界图谋。

文化上，经济联系的密切使得欧盟各国文化上相互交融，有利于世界文化的传播与发展。

安全上，强化了欧洲各国经济联系，使欧洲各国经济相互融合和渗透，总体看有利于维护世界和平与安全。

另外，欧盟作为世界上最成功的区域经济组织，其成功实践对世界其他地区的经济联合也起到了示范作用。

（六）欧洲一体化存在的问题

1. 方向问题

欧盟经过 5 次扩大，欧盟成员国已从最初的 6 个倡始国增加到目前的 28 个，急速扩大新成员国的后果从宪法危机中反映出来，在是否继续扩大、扩大哪个国家等问题上各成员国莫衷一是。一体化进程的两个轮子“深化”与“扩大”双双搁浅，既反映欧盟的主观意愿与自身能力之间存在着巨大差距，也折射出它面临着“向何处去”这一无法回避的难题。恰恰在“向何处去”这一根本性问题上，在欧盟政治精英与广大公众之间，在欧盟大小、新老成员国之间没有达成共识，“英国脱欧”则是这一问题最直接的反映。对如何推进一体化进程，以何种方式、何种速度向前推进，以及终极目标是什么，大家有着不同的想法。欧洲自身的定性和定位问题，成了一体化继续推进的“拦路虎”。

2. “火车头”问题

德国和法国一直对欧洲一体化建设起着“火车头”的拉动作用。在过去的一段时间里，德国和法国政局发生重大变化，双方在建立欧盟独立防务、北约的作用上，以及对俄罗斯和中东欧、独联体国家的关系上，无论政策还是策略都越来越“不合拍”。在解决欧盟面临的经济发展停滞问题上，德国倾向于采取更多的自由市场经济措施，法国从捍卫自身经济利益出发，坚持自己的传统发展模式，采取日益明显的国家保护主义手段。诸多因素造成法德联合共同推进欧洲一体化建设的形势正发生重大改变，它们的“火车头”作用已大为削弱乃至消失。

3. 经济问题

欧洲一体化面临的困境，与当前国际政治、经济形势也是分不开的。在经济全球化加速发展、国际竞争空前激烈的今天，欧洲国家似乎失去了昔日的活力。它们的经济状况不仅比不上美、日等其他发达国家，而且发展速度更远逊于一些新兴的发展中国家，如图 5 - 2 所示。

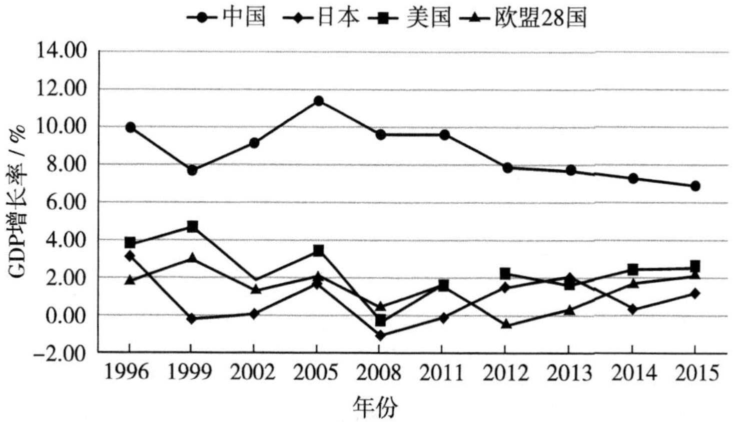

图 5 - 2 中国、日本、美国和欧盟 1996—2015 年 GDP 增长率对比

数据来源：国际货币基金组织、中国国家统计局。

此外，欧盟国家的经济发展遭遇到了始料未及的下滑。那些带给这些国家经济增长有显著效果的一体化措施，仿佛失去了效力。不仅老成员国的 GDP 增长率远低于新成员国，见表 5 - 2，欧元区国家的经济状况与非欧元区国家相比反而相形见绌，这其中以一体化的创始国的经济形势最为严峻。欧盟主要大国现在都有些自顾不暇，没有更多的人力、物力去继续推进一体化，而且也使得它们就欧盟自身建设问题寻求并达成必要的妥协更加不易。

表 5－2　欧盟各成员国历年 GDP 增长率　（%）

国家	1975年	1980年	1985年	1990年	1995年	2000年	2005年	2010年	2015年
比利时	－1.97	4.44	1.65	3.14	2.38	3.63	2.09	2.70	1.50
丹麦	－1.46	－0.48	4.00	1.48	3.03	3.75	2.34	1.87	1.61
英国	－1.49	－2.04	4.19	0.72	2.51	3.74	2.97	1.92	2.19
德国	－0.87	1.41	2.33	5.26	1.74	2.96	0.71	4.08	1.72
法国	－0.98	1.59	1.62	2.91	2.09	3.88	1.61	1.97	1.27
爱尔兰	5.66	3.08	3.09	8.47	9.63	9.91	5.77	2.03	26.28
意大利	－2.09	3.43	2.80	1.99	2.89	3.71	0.95	1.69	0.73
卢森堡	－6.57	0.84	2.79	5.32	1.43	9.47	3.22	5.78	3.53
荷兰	0.00	1.34	2.58	4.18	3.12	4.24	2.16	1.40	1.95
希腊	6.37	0.68	2.51	0.00	2.10	3.92	0.60	－5.48	－0.22
葡萄牙	－4.35	4.59	2.81	3.95	4.28	3.79	0.77	1.90	1.60
西班牙	0.54	2.21	2.32	3.78	2.76	5.29	3.72	0.01	3.20
奥地利	－0.36	1.73	2.50	4.35	2.67	3.37	2.14	1.93	0.96
保加利亚	—	—	2.68	－9.12	2.86	5.01	7.24	0.05	3.62
芬兰	1.80	5.39	3.54	0.68	4.21	5.63	2.78	2.99	0.27
匈牙利	6.20	0.20	－0.25	－3.50	1.49	4.20	4.38	0.68	3.15
马耳他	19.56	7.05	2.59	6.29	6.34	6.77	3.78	3.54	6.15
波兰	—	—	—	—	6.95	4.56	3.49	3.61	3.94
罗马尼亚	—	—	－0.10	－5.60	7.14	2.40	4.17	－0.80	3.66
瑞典	2.55	1.70	2.16	0.75	4.02	4.74	2.82	5.99	4.08
爱沙尼亚	—	—	0.50	－7.06	4.48	10.57	9.37	2.26	1.44
拉脱维亚	6.88	4.08	－0.38	－7.94	－0.94	5.41	10.7	－3.79	2.74

续表

国家	1975年	1980年	1985年	1990年	1995年	2000年	2005年	2010年	2015年
立陶宛	—	—	—	—	3.29	3.83	7.73	1.64	1.78
斯洛文尼亚	—	—	—	—	3.64	4.16	4.00	1.24	2.32
克罗地亚	—	—	—	—	6.75	3.75	4.28	-1.70	1.64
捷克	—	—	—	—	6.22	4.29	6.44	2.30	4.54
斯洛伐克	—	—	3.50	-2.67	5.84	1.21	6.75	5.04	3.83

注：数据来源于欧洲统计局。

4. 美国问题

过去，美国为对抗苏联威胁而联合欧洲国家，因此对欧洲一体化建设采取支持、默许的态度。随着欧盟整体的强劲发展，特别是金融一体化的实现，使得美国日益强烈地感到欧洲一体化建设对美国的发展形成的巨大压力。这促使它逐步调整了对欧洲一体化的态度与对策，从过去的支持、默许演变为阻挠、制约。美国发动伊拉克战争遭到法、德等欧洲盟国的强烈反对，更促使其公开亮出对欧盟“分而治之”的底牌。其实，美国一直采取的主要手段为利用欧盟成员国之间的矛盾，对各国条约分化瓦解，使之难以联合，从而达到对欧洲一体化进程的阻挠牵制的目的。

第二节　欧洲推进要素自由流动

经过半个多世纪的发展，欧共体通过关税同盟、共同市场、经济同盟、货币同盟的建立，内部一体化程度日益加深，成为目前世界上区域经济一体化程度最高的地区。欧洲一体化进程始于20世纪50年代，以1957年《罗马条约》的建立为其一体化框架的确立标志。到1968年欧共体正式成立时，其已实现了内部取消工业品关税、对外实行统一关税的目标，建立了关税同盟。而服务市场和生产要素市场一体化方案的提出，则是直到 1985 年开始的，在此期间欧盟机构和成员国采取了数百项措施，以消除区域内商品、人员和资本自由流动的技术、法律法规、行政、文化等障碍。1991 年《马斯特里赫特条约》的签订标志着欧盟统一大市场的建立。共同市场的内涵意味着所有联盟区内的生产要素应当能够自由流动。但是，由于涉及领域的复杂性，欧盟无法像商品市场一样制定一个统一框架，因而只能按照不同领域区别对待。在欧盟的计划当中，生产要素市场大致被划分为资本、劳动力、技术等几个方面。下面便对这几个方面分别进行分析。

（一）欧盟资本市场一体化

早在 1960 年欧共体首次颁布成员国开放本国金融市场指令开始，欧共体便为资本市场一体化做出了积极努力。这反应在 20 世纪 60 年代中期欧共体执委会提出成员国应取消本国对资本跨国界移动的各种限制以允许境外金融机构进入国内资本市场开展金融竞争，并于 1977 年的《第一号银行令》中为成员国跨金融活动协调监管制订了基本原则，以及 80 年代初欧共体银行咨询委员会在金融机构间的资本流动关系和区域内信贷与银行机构经营活动中作的统一监管（许海，2001）。

但是，直到 20 世纪 80 年代中期以前，欧盟资本市场一体化进程仍停留在初步发展阶段。究其原因在于：一方面，由于《罗马条约》中“保护条款”的存在——《罗马条约》在谈到金融资本自由化时对其加上了很多前提条件，从而大大降低了现实性和可行性，使得各成员国具有保护本国货币汇率的政策优先权及宏观控制对于资本市场区内开放的优先权等，这就使得各成员国在资本市场开放尺度上具有很大的控制弹性；另一方面，则是由于世界经济环境的影响，特别是 20 世纪 70 年代上半期布雷顿森林体系解体带来的国际金融市场动荡，以及世界性经济和金融危机对成员国国际收支的不利影响。从以上原因可以看出，要实现资本市场一体化需要对条约进行两方面的修订：一是应当取消保护条款的限制，以使资本的自由流动成为建立共同市场的强制性原则；二是构建宏观经济政策的自治程度应仅限于保护，而不应破坏自由流动。

针对上述问题，欧共体于 1986 年通过并签署了一项具有历史意义的法令——《单一欧洲法令》。该法令以修改和扩充《罗马条约》来促进欧共体内部市场一体化的进程，其主要目的是通过对成员国间共同立法程序的调整，来切实加强经济货币联盟建设进程中所一贯强调的各国宏观经济政策的协调统一，以期最终从法律上确保商品、资本和人员统一大市场的按时建成。在该项法案的推动下，20 世纪 80 年代后半期至 90 年代初，欧共体颁布了一系列促进资本跨国界流动的金融建议、提案和指令，并根据各国经济和金融发展条件的实际差异对各成员国跨入单一资本市场的时间表作了差别性安排。特别是在促进区域内银行业和证券业市场的连接和整合方面颁布了一系列指令及提案等。到 1994 年年底，所有成员国宣布已全面解除资本跨国流动限制。自此，区域内单一资本市场基本建成。

然而，为了巩固和深化区域内资本稳定和有效移动进而促进共同资本市场的发展，《马斯特里赫特条约》所构架的欧洲经济货币联盟的全面深入推进便责无旁贷。可问题是并非所有的成员国都能加入经货联盟，于是为了尽可能顾及所有成员国的利益，产生了建立欧元区的方案。20 世纪 90 年代末欧洲中央银行体系的运作和欧元的如期启动，使欧元区资本市场和整个欧盟资本市场一体化的深化发展获得了新的动力。

但是，在高度资本流动的环境下，又产生了一个问题——国家税收引起激烈的财政竞争。关税同盟时期曾试图达成一个最低共同税率，但由于卢森堡的拒绝而搁浅。各国税率的不同无疑将引起逃税行为的发生，这会给一体化带来负面影响。面对这种两难的形势，成员国也只能各自采取专门措施保护国家税收并减少避税资本的流动。

（二）欧盟劳动力市场一体化

欧盟劳动力市场一体化中存在的问题更甚于金融资本市场。建立劳动力共同市场的关键在于取消对不同成员国工人的歧视待遇。工人因此可以在整个共同市场范围内寻找工作，实现自由流动，但是，自由流动只是建立劳动力共同市场的必要条件，并非充分条件。与金融资本市场相比，欧盟对劳动力市场一体化付出的努力非常有限。例如，《罗马条约》中没有对劳动力流动的保护措施；就取消对外国劳工的歧视待遇这一点直到 1987 年才达成一致；另外，在为建设共同劳动力市场作出努力过程中一直没有实现多边的共同参与。所以，无论从经济意义还是从政治意义上讲，劳动力市场一体化都无法与资本市场一体化所取得的成绩相提并论。甚至说，劳动力共同市场事实上尚未诞生。对于实现劳动力共同市场来说，除了实现自由流动这一点之外，还有诸多相应的配套措施同样不可或缺。尽管区内劳动力的自由流动基本已经实现，而且跨国劳工由于各国之间健康保险、养老金、税制等的不一致而带来的障碍也有所改善，但是要实现劳动力市场一体化，还有相当多的问题亟待解决，可概括为以下几个方面。

1. 各国劳动力市场制度的趋同

制度趋同的不足是制约劳动力流动的一个重要因素。各成员国之间，最低工资限制、工作时间、劳动合同、执业资格等法律问题都差异很大，这对劳动力的跨国流动无疑是一个障碍，《单一欧洲法令》和《马斯特里赫特条约》对趋同的程度解释不多，但却有着很强的消除劳工歧视的色彩。主要表现在两点：一是工作地的健康和安全问题，《单一欧洲法令》中包括了一系列的工作地最低健康和安全条件的限制，并得到了成员国的支持；二是实现同工同酬制度。

2. 执业资格的相互承认

这方面也存在着严重的困难。欧盟已经成立了一个专门机构按照相互承认原则进行系统的执业资格认定，但这点努力是不够的。虽然相互承认高校文凭是一个突破口，但是各国的专业能力测试仍是一个很高的进入壁垒。提高职业培训水平可望是一个克服这一壁垒的途径。但问题还远远没有解决，由于各国公司对国家教育质量和语言上存在偏见，一种无形的壁垒仍然存在。

3. 社会保险进入限制的取消

目前，社会保险制度在区内各国之间还未开放。如果能够像联邦国家那样互相加入社会保险，则劳动力市场的运行效率将大大提高。欧盟并没有试图取消社会保险壁垒，只是提出成员国之间应当进行密切协作。这一壁垒不被消除，区内跨国劳工就要承担高失业率带来的经济风险。

4. 生活保障措施的完善

对于跨国劳工，一些生活保障措施对于他们十分重要，如价格低廉的住房、健康保险、养老金等。低价房通常由于租金低而供给量十分有限，这对劳动力流动显然是个阻碍；健康保险大都愿意投向年轻力壮的工人，这使跨国劳工的年龄范围也受到限制；对外来劳工的养老金如何制定，也是一个十分令人头痛的问题。总之，辅助性的生活保障措施进展甚微，实现劳动力市场的一体化仍然任重而道远。

（三）欧盟技术市场一体化

与资本不同，技术被看作一项知识型的无形的生产要素。在技术市场中，如果仅仅依靠市场自身，会带来技术市场高度的不完善。这是因为技术是一种知识，而知识具有公共物品的特征，即非专属性和消费的非排他性，使得技术市场变得十分特殊。如果只依靠市场自身，技术的研发会缺乏激励，从而导致市场效率的低下。欧盟采取了以下三种办法来加强技术市场的功能，推进技术市场的发展（许海，2001）。

一是政府资助技术开发。欧盟的国家资助制度包括对技术研发的资助。为了使学校的科研成果与市场接轨，促进知识的产业化，欧盟对基础研究的扶持力度在不断加大。

二是公司主动进行内部研发并随之对其商业化。重点在于公司欧盟化（指公司的活动范围从本国向欧盟的拓展）的程度和欧盟对公司间研发合作的支持程度。如果公司的生产经营实现欧盟化，技术在公司内部自由跨越国界的问题就变得非常重要。如果公司能够实现技术研发在区内的自由流动，将会获得更高的市场份额和资源优势。欧盟对研发的资助促进了跨国界的公司间合作，使得技术研发活动逐渐在欧盟内部市场活跃起来。

三是新技术应获得知识产权法的保护。尽管各国都有知识产权保护体系，但技术市场的发展仍然受到很大阻碍。在欧盟的制度框架中不难找到问题的原因——从《罗马条约》到《马斯特里赫特条约》都没有对如何克服技术流动的各种壁垒做出任何努力。一方面，公司技术所有权的公开化问题没有提及；另一方面，对各国专利权、商标权等的自治也没做任何限制。

第三节　欧洲一体化的经验总结

对于欧洲一体化历程的经验总结绝非易事，也不是简单的几点就可以明了的。同时欧洲一体化仍然处在发展的过程当中，任何阶段性的总结都不可避免地带有很大的局限性。但是相对于发展中的粤港澳大湾区一体化而言，欧洲一体化所走过的道路作为前车之鉴不妨多多益善。相对于其他区域一体化组织，欧盟的一体化程度最高，它所具有的超国家特征也是无可比拟的，综观欧洲一体化历程，试做出如下总结。

（一）确立基石——合作理念

任何一种政治取向的形成都包含深刻的国际背景、历史传统和文化原因，但归根结底是一种理念的选择。1952 年欧洲煤钢共同体建立之初，相互合作的理念就成为欧洲走向联合的基石。让·莫内在回忆录中写道：西欧各国应该把各自的努力化为全欧洲的共同努力，只有成立西欧联邦，才可能把共同努力变为现实。1951 年 4 月 18 日由法、德、意、荷、比、卢六国在巴黎共同签署了《欧洲煤钢共同体条约》，正式建立了以共同市场、共同目标和共同机构为基础的欧洲煤钢共同体。欧洲在运用经济手段解决政治问题的道路上迈出了关键性的第一步。煤钢共同体的建立不仅将重要的战略资源统筹到一个共同的具有超国家性的高级机构下管理，而且将相互合作的理念植根于欧洲大陆，从而成为推动欧洲一体化进程的核心动力。欧盟成员国认定置身其中，而不是置之度外的原则，使得加入欧盟的成员国都愿意并且能够承担欧盟所制定的共同责任。这种合作和参与的态度是一体化顺利发展的观念基础。

（二）确立轴心——核心国家和地区的紧密协调与合作

在欧洲一体化的内聚力中，必须充分重视法德合作的力量和价值。事实已经表明法德和解是欧洲联合和欧洲共同体形成的先决条件，法德合作或法德联盟已成为欧洲一体化进程的基础和动力。1963 年 1 月 22 日两国签订了《友好合作条约》（*Elysée Treaty*），确立了法德联盟的思想，把联盟关系用条约形式固定下来，使法德联盟成为欧洲共同体的核心。一直以来，法德核心引领了欧洲一体化进程，尤其是创造了单一货币——欧元。从长远角度看，在历史和逻辑会带给它们最终胜利的信条下，法德合作总会找到缓和彼此矛盾的办法。

法德合作既有经济上相互依赖的基础，也有政治上彼此借重的需要。在一体化的整个进程中，尽管法德双方的摩擦不断，但法德轴心始终是影响欧洲一体化发展和革新的核心力量。如果法德两国在战后不能摒弃前嫌一致向前看，也就不会有今天的欧盟。欧洲一体化就是在分歧与妥协中前进的。此外，法德在外交政策上的紧密协调也加重了彼此在国际社会上的地位和影响力。总之，法德合作是欧洲一体化前进的发动机，这一点毋庸置疑。

（三）确立动力——利益切合点的适时选择

欧洲经济一体化是一个利益磨合与整合的过程，欧洲一体化的不断深化得益于适时的利益切合点的选择。可以说欧洲联盟之所以在深化和扩大的道路上不断推进，是由于一体化带来的巨大利益所产生的吸引力。欧洲一体化的成功推进得益于不断提出新的发展目标，在各方得益的基础上实现共赢。

回顾欧盟不同发展时期的政策选择，我们可以注意到在不同时期，欧盟利益切合点的变换，每一次利益选择都切合了欧盟发展的阶段性特点，成功地推动了欧盟的一体化进程。欧盟的发展战略采纳了新职能主义理念，即相信在一个经济职能部门中成功发展起来的合作将刺激其他部门特别是政治职能部门进一步合作，从而建立全面的合作和相互依赖。因此，欧洲一体化之所以成功，很重要的一点是从经济一体化入手，打好合作基础，用经济手段促进政治问题的解决。所以根据不同历史时期的特点和形势需要，选择切实可行的合作方向即找准共同利益的切合点是欧盟成功推进一体化的坚实基础所在。

（四）推动政策工具有效实施——地区、产业政策

欧盟的发展离不开有效的政策工具的实施，如共同贸易政策、共同农业政策、地区结构政策等。在共同政策的顺利实施下，欧盟各成员国实现了稳定的政策趋同和经济增长。一体化的成功推进必须兼顾到各成员方的利益，由于各成员方经济状况和发展水平的差异，在考虑到特殊利益的基础上实现总体利益的平衡绝非易事。欧盟的政策工具在兼顾地区间平衡发展并体现公平方面做出了卓有成效的创新（张海冰，2003）。

欧盟的地区发展政策使其在实现东扩前的 4 个较穷国家——希腊、葡萄牙、西班牙和爱尔兰，在 1986 年以来，人均收入由欧盟平均水平的 2/3 不断增加，直至超过欧盟平均水平。其中，爱尔兰最为突出，其人均国内生产总值在 1983 年是欧共体平均水平的 64%，到 2016 年人均 GDP 增加到 61606 美元，已成为高等发达国家。以上事实说明欧盟政策工具的确取得了较好的效果。

（五）保持制度约束有效性——法治

欧盟的发展道路是一条法制化道路，以国际条约作为一体化存续和发展的基础。尽管欧盟是建立在国家间条约机制的基础上，但欧盟显然已经超脱了传统的国际组织的性质，具有明显的超国家性。欧共体超国家性质最突出地表现在欧盟委员会和欧洲议会参与立法和由欧洲法院组成各成员国最高法院执行司法上。此外，欧盟发展过程中在基础条约中对其法律人格的确认，更加凸显了欧盟的法治特征。欧盟法律体系广泛而深刻地作用于成员国之间、成员国与欧盟之间以及欧盟内部。欧盟制宪讨论会议又将欧盟在法制化道路上推进了一步。

第四节　粤港澳大湾区推进一体化的优劣势

（一）粤港澳大湾区推进市场一体化具有的优势与机遇

第一，粤港澳大湾区土地面积、人口和空港群均处于领先水平，其他资源也非常丰富，地质条件较好，有利于区域一体化建设，见表5－3。大湾区区域地壳相对稳定，历史上没有发生过6级以上破坏性地震。陆域工程建设地基条件较好，尤其是深部岩石地层地基条件良好，有利于楼房、公路、大型机场及各类桥梁的建设。海域工程建设适宜性总体较好，适合港口、核电站、风力发电站、海底光缆、输油管道、大型机场和大型桥梁等设施的建设。因此，大湾区的基础设施一体化建设条件较为有利。此外，河流水系发达，可以形成自内陆向外海扩散的水运体系；沿岸水深条件较好，大型港口众多，包括广州港、深圳港、珠海港等亿吨级以上的大型港口，可形成规模化的港口群；沿江、沿海大中小型港口集结，可充分利用资源，优势互补，承接几乎所有区域的物流运输（陈朝萌，2016）。

表5－3　2016年粤港澳大湾区9市2区的自然与社会条件

城市	面积（千米^2）	GDP产出（亿元）	港口货物吞吐量（万吨）	港口集装箱货物吞吐量（万TEU）
广州	7263.00	18100.41	54437	1886
深圳	2050.00	17502.86	21410	2398
珠海	1653.00	2025.41	11779	165
佛山	3868.00	8003.92	6610	321
惠州	10655.00	3140.03	7657	26

续表

城市	面积（千米^2）	GDP 产出（亿元）	港口货物吞吐量（万吨）	港口集装箱货物吞吐量（万 TEU）
东莞	2465.00	6275.07	14584	364
中山	1800.00	3010.03	6789	135
江门	9443.00	2240.02	7923	113
肇庆	15056.00	1970.01	3261	71
香港	1103.00	19490.20	25700	1981
澳门	31.30	2829.99	20.03	12.94

资料来源：《广东统计年鉴 2017》《中国统计年鉴 2017》。

第二，广东珠三角一直是中国改革开放的前沿地区和先行先试的试验田，也是中国改革开放以来最早的经济引擎。改革开放40 多年来，珠三角与港澳的经济联系不断深化，从要素互补推动的“前店后厂”式合作，过渡到逐步趋向融合的互动竞合关系。粤港澳大湾区城市各具特色，社会经济形态多元，有很强的互补性。大湾区包括港澳及珠三角 9 市，有“一国两制”下的香港、澳门 2 个特别行政区；有深圳、珠海 2 个经济特区；有南沙、前海蛇口和横琴 3 个自由贸易试验区，另外还有多个制造业发达的珠三角城市。其中，香港、广州、深圳都是超级大都市，呈现多极状态，便于共同规划，便于市场机制更好地配置区内资源，促进一体化。同时，党的十九大报告明确提出的“融入观”，为港澳在“一国两制”框架下的发展指明了方向。

第三，香港具有很好的金融优势，其金融业具有非常强的国际化特性，覆盖了很多领域，因此，大湾区各城市可以借助香港这个通道，更多地向国外开放（申勇等，2017）。“一国两制”的政策环境也让香港能更好地连接内地与国际市场，发挥衔接作用，促进金融一体化。与内地城市相比，香港有更加自由开放的市场，在法律、建筑、工程管理等多个专业服务领域具有世界先进水平；而与国外城市相比，香港对于内地市场更加熟悉，与湾区各城市有着良好的关系。

（二）粤港澳大湾区推进市场一体化面临的劣势与挑战

目前粤港澳大湾区已有一定的合作基础，但要实现区域市场一体化，实现其建设目标与战略价值仍面临诸多挑战。粤港澳大湾区一体化建设需要在两种制度、三个关税区、三个法律体系的异质城市群内，按照湾区经济和城市群的发展规律来进行跨境合作与治理（蔡赤萌，2017）。

1. 多中心区域的城市定位和错位发展

多中心城市群的一体化协同发展，一是需要有合理的定位，二是要形成互补互动的产业链条，强化内在经济联系。目前与国际几湾区比较，粤港澳大湾区规模大但不强，内部联系的浓度和密度均不足，区域内城市间呈现一定程度的疏离状态，具有较大的发展空间。

就定位而言，在“十三五”规划和四方签署的《深化粤港澳合作 推进大湾区框架协议》中明确了广东、香港、澳门三方的合作目标，在产业分工上进行错位发展，构建协同发展现代产业体系，完善产业发展格局，加快向全球价值链高端迈进。《深化粤港澳合作 推进大湾区框架协议》合作目标表述显示，在粤港澳的定位设定上已力求错位发展，但目前只有广东总体定位，尚未见到9 市的细分角色。此外，城市群中各经济功能形成和演变，并不完全是按政府规划逻辑发展的，更多的是市场竞合的结果。在适度竞争环境中，城市群多中心网络化格局将更为明显。区域协同互动发展的良性格局是否能够形成，是否能成为大湾区城市群发展的总体方向，也取决于湾区的基础条件以及政策要素的配套。

2. 跨关税区的要素市场的形成及其高效便捷流通与统一

市场优化资源配置的前提和基础，是市场的互联互通以及要素的自由流通。目前在交通基建硬件方面，粤港澳大湾区的联通改善明显，随着港珠澳大桥的开通，“一地两检”的突破，大湾区基建方面的互联互通将逐步完善。但在软环境上，粤港澳大湾区的经济融合面对一系列客观条件的限制。港澳与广东经济制度不同、法律相异，又分属三个不同的经济体和关税区，致使区内人员、资金、货物及信息等要素在三地间并不能自由流通，存在边界管理（蔡赤萌，2017）。此外，三地的关税水准、资金流通制度、投资开放程度、对外经济政策亦有实质性的区别。由于广东并非一个独立经济体，与外界的经济整合受制于全国的开放水准和对外经济政策。这意味着在“一国两制”框架下，粤港澳大湾区城市群的经济整合程度只能是有限度的整合，内地对外关税水准、要素流通开放程度和管理制度，无法在短期内与港澳特区一致。例如在知识产权保护方面，香港法律体系比较完备。香港以所得税为主，鼓励企业创新。而其他内地城市税收以增值税和企业所得税为主，支持企业科技创新主要采取税收优惠的方式，实际执行较难。在科研经费的使用上，内地城市的科研经费无法在香港、澳门使用。区域内职业技术资格不能互认，香港科研创新人才被视为“境外人员”，须在内地和香港同时交税，很多人被动地“来了又走了”。香港的创新人才可进来可留下，但没有相应通道让他们选择回香港，严重限制了香港国际化创新人才的引入和回流。

3. 跨境协调机制与运作模式

粤港澳大湾区市场一体化面临的最大的特殊性，是涉及“一国两制”下的跨境治理，肩负如何完善协调机制的艰巨任务，存在“两制磨合”。目前的“机制体制安排”，是由国家发展改革委和粤港澳四方共同签署协议来推进。此外，签署四方每年将定期召开磋商会议，协调解决大湾区发展中的重大问题和合作事项，并就推进大湾区建设订定年度重点工作，由四方以及国家有关部门达成一致意见后，共同推动落实。粤港澳政府共同建立推进粤港澳大湾区发展日常工作机制，分别设在广东省发改委、香港特区政府政制及内地事务局、澳门特区政府行政长官办公室，日常运作中将更好地发挥工作机制在合作中的联络协调作用，来推动规划深入实施。较之过往的粤港、粤澳合作机制，这种模式增加了国家发展改革委在其中的牵头协调功能，加大了总体规划和协调的力度。但由于所推进落实的内容，仅限于达成一致意见的事项，整个协同发展的力度和权威性会有所折扣。如果有一方难以落实，或是预期在落实程序上存在不确定性，就会影响到合作进程顺利开展。此外，政府功能强弱上的落差、规划内涵及执行力的不同、行政程序的繁复差异等，都会影响到合作的具体进展。如何处理好资源配置中市场与政府的关系，如何协调政府间的差异与分歧，既发挥政府对区域总体发展的顶层设计与引领作用，又在微观领域为企业松绑，鼓励良性竞争，营造国际化营商环境和优质生活环境，吸引国际优质资源落户大湾区，对于大湾区内生动力的培育及国际一流湾区目标的实现，至关重要。

4. 一体化融合产生的社会政治影响及管治挑战

区域经济融合，实现一体化，既有促进区域整体发展的积极作用，但同时对区域内多元主体会产生不同影响。目前港澳社会民间层面对粤港澳大湾区城市群建设的战略意义和价值的认识还不够，部分香港人在观念、理念上对进一步融合存在疑虑，担心香港在区域整合中会失去自身空间。此外，也有观点对“两制”下的独立关税区作简单的划分与区隔，认为互联互通与要素便捷流通会对“两制”造成破坏。的确，衡量经济整合程度的核心标准是要素流通的自由程度，不同制度下的跨境城市群整合，会对不同的地区带来不同的政治社会影响，这对城市的承载力、社会开放压力以及政府管治能力都将是一个考验。在新时代国家改革开放进程中，香港、澳门仍然具有特殊地位和特殊优势，仍然可以发挥不可替代的作用。希望港澳同胞继续以真挚的爱国热忱、敢为人先的精神投身国家改革开放事业，特别是要抓住共建“一带一路”、粤港澳大湾区建设等重大机遇，顺势而为，乘势而上，在融入国家发展大局中实现香港、澳门更好发展，共同谱写中华民族伟大复兴的时代篇章。党的十九大报告指出，要坚持爱国者为主体的“港人治港”“澳人治澳”，发展壮大爱国爱港力量。这就需要协调与平衡区域内经济发展、基本建设、社会发展和环保教育的要求，需要突破现行的管理制度与法律法规，在香港还需要消弭政治因素的人为阻挠。因此，政府、智库与社会共同研讨、宣传、交流大湾区发展蓝图，凝聚共识，将有助于粤港澳三地政府形成并落实大湾区建设的总体目标及年度重点规划建设（蔡赤萌，2017）。

第五节　欧洲一体化对粤港澳大湾区建设的启示

（一）统一领导、成立粤港澳大湾区建设委员会

由于粤港澳大湾区涉及粤、港、澳三方省级行政区域，借鉴京津冀协同发展领导小组的做法，应建立由中央政府主导、港澳特区政府和广东省政府参与的粤港澳大湾区建设委员会，负责湾区的规划建设，强化合作理念。在国家层面设立粤港澳大湾区发展委员会，强化中央政府对粤港澳大湾区建设和跨境治理的顶层设计和日常事务的统筹和协调，有助于粤港澳各城市形成专业分工和错位发展，提高一体化合作的广度与深度。粤港澳大湾区发

展委员会应由国家领导牵头，国家有关部门和粤港澳三地政府有关领导组成，主要执行粤港澳区域发展的战略、决策和督导功能：把握粤港澳大湾区的发展战略，对粤港澳大湾区合作中的重大事项谨慎决策，强化中央政府的督导，确保列入国家规划的重大合作事项有效推进落实。

（二）推进基础设施一体化、促进要素便捷流动

基础设施的互联互通是促进要素自由流动、推进湾区协同发展的重要前提，交通和通关的便利化是实行市场一体化的基础，在现有的交通架构基础上，推进粤港澳大湾区建设世界规模的轨道交通网络，辅之以普通公路和高速公路等其他交通方式，形成综合交通网络，提高产品、要素和服务流通的效率。依托广珠铁路与广深港铁路轨道交通，推动广珠澳、广深港两轴沿线城市实现一小时工作生活圈；充分利用港珠澳大桥和深中通道，推进城际铁路与城市地铁对接，形成以广佛、港深、珠澳为枢纽的轨道交通网络，推动实现东西两岸城市一小时生活圈；在此基础上，以轨道交通连接到珠三角县区，形成以港深、广佛、澳珠为枢纽的三角形交通网络系统，县级以上城镇实现一小时生活圈。

简化港澳通关手续，加强通关设施硬件建设，打造内联外通的城市群发展格局。在粤港澳陆路口岸加大硬件设施建设，大幅增加“E”通道，提高自助通关能力和水平。强化通关服务，及时发布通关人流动态和管制措施，及时分流通关旅客，减少通关压力。科学界定和调整粤港澳已有及在建陆路口岸的功能，避免资源错配，推动粤港澳轨道交通有机衔接和无缝接驳。提升粤港澳产品、资金、技术和人员跨境通关便利化水平。推进粤港澳实施“一地两检”通关模式和便利化的通关制度，以及“信息互换、监管互认、执法互助”的大通关建设。

要加强信息基础设施建设，推动粤港澳三地信息资源集成共

享，建设国际信息网络核心节点，将物联网、大数据、云计算、人工智能等高新科技融入交通管理体系中，为区内生产生活提供高效便捷的信息化服务。要发挥多港联动效应，完善湾区海港群与空港群建设，扩展国际业务职能并扩大其辐射范围，将湾区建设成为世界级海港枢纽和全球航运中心。

（三）深化产业分工合作、培育利益共享产业链

构建与完善区域互补联动机制，推动各城市、各区域从各展所长到协同共进，从各有精彩到共造繁荣。目前粤港澳大湾区实现一体化与深度融合发展依然面临区域本位主义、部分产业同质化竞争、体制机制障碍等问题，深入推进区域合作要逐步消除粤港澳三地的体制差异与文化差异。在优势互补基础上深化分工合作，深圳最鲜明的是科技创新产业，香港最突出的是国际化、市场化、专业化的金融服务业，广州是区域制造业中心和科教中心，佛山、东莞等城市的制造业实力非常雄厚，这种差异形成了湾区产业融合和互动合作的良好基础，将港澳的创新能力、服务水平、融资平台和广东的制造能力、成果转化载体进行互补融合。三地政府应制定协调统一的区域经济发展方案和配套政策，整合各方产业优势，推动区域联动发展，鼓励企业跨区域进行有序合作与竞争，增强要素互补效应，提高产业衔接水平。要通过深化分工合作促进粤港澳大湾区产业转型升级，以高端制造业产业集群支撑起以金融、贸易、物流、信息等现代服务业集群的发展壮大，推动整个湾区形成高端制造业与现代服务业共同发展的格局。

（四）加强要素市场互联互通、整合区域资源

实施人才协同发展战略、搭建人才交流平台。要深化湾区教育合作，整合三地优质教育资源，鼓励知名高校结合社会力量、

民间资本开展合作办学，打造开放共享的湾区高校群，联合培养知识型、技能型、创新型等多样化人才。可考虑搭建跨区域人才交流平台，创建丰富的访学与交换项目，探索三地学分、学历互认机制，鼓励青年跨地区、跨学科参与学术交流与研发合作。同时还要完善支持人才流动的制度安排，加快推出高端人才落户、住房保障等相关制度，打造人才通关的绿色通道，促进人才资源在大湾区便捷流动与优化配置。

加强金融市场互联互通、完善金融监管制度。可从“金融 + 贸易”“金融 + 科技”“金融 + 制造业”等多个维度加快湾区金融市场双向开放与金融要素的深度融通，推动粤港澳金融机构合作、金融市场互联、金融基建互通、金融人才互动，提高区域资本市场的兼容性。要完善深港通、沪港通、新股通等资本市场联通机制，推动资本市场双向开放。鼓励在湾区内使用互联网、大数据等数字金融技术，拓展跨境电子支付服务，促进区域商品自由流动。要加强区域金融监管的协调合作，推动大湾区内金融监管信息系统与法律法规的对接和数据交换，健全资金融通保障机制与金融风险管控机制。

构建区域协同创新机制、整合区域创新资源。粤港澳大湾区创新实力雄厚，世界一流的高等院校与科研机构众多，同时拥有成熟的产业集群、完备的产业链和快速响应的制造能力，但仍存在创新要素流动不畅、产学研脱节严重等问题。因此，要打通区域内部阻碍创新要素合理流动、创新资源合理配置、创新功能互补协作的瓶颈，激活调动各类创新创业主体的潜力。要以产学研的深度合作为着力点，促进知识创新与技术创新紧密结合，推动科技成果与产业需求有效对接，提高技术成果转化率，提升区域整体创新效率和创新能力。要构筑开放型区域创新体系，加强企业对区域内外、国内外以及跨国公司科研成果的引进与应用，打造跨区域的创新联盟以及创新协同中心。要充分发挥科技大企业、互联网平台企业在区域创新合作中的“龙头”带动作用，鼓励科研骨干企业带动产业链上下游中小微企业协同创新，加快培育具有全球影响力的湾区核心技术、品牌优势和商业模式。

第六章　建立统一要素市场、推进珠三角供给侧结构性改革

随着原材料、劳动力、土地等生产要素成本的上涨，新《劳动合同法》的实施以及国家对加工贸易政策的调整等，珠三角企业的生产成本有所提高。此外，很多珠三角企业从事的生产环节的技术含量较低，承接的是发达国家陈旧、过时的技术，导致其生产结构呈现“哑铃型”，贸易附加值有限。目前珠三角产业发展受到经济环境、资源匮乏及结构失衡的三重约束。如何转变粗放型发展模式、提高自主研发和创新能力、推动珠三角地区产业升级，已经迫在眉睫。

在此背景下，珠三角地区更需要主动适应和引领，而供给侧结构性改革正是党中央提出的适应和引领经济“新常态”的战略任务和政策方向，主要是通过对生产要素投入的管理来优化要素配置和调整生产结构，以培育经济持续增长的动力，从而提高经济潜在增长率（蔡昉，2016；黄群慧，2016）。习近平总书记指出：“供给侧结构性改革，重点是解放和发展生产力，用改革的办法推进结构调整，减少无效和低端供给，扩大有效和中高端供给，增强供给结构对需求变化的适应性和灵活性，提高全要素生产率。”广东省人民政府 2016 年 2 月 29 日也印发了《广东省供给侧结构性改革总体方案（2016—2018 年）及五个行动计划的通知》来推进广东省供给侧结构性改革，优化劳动力、资本、土地、技术、管理等要素配置，加快实现创新发展，提高全要素生

产率，为率先全面建成小康社会提供强大经济支撑。

推进供给侧改革促进经济增长的动力结构是优化劳动、资本和技术等要素结构。与“苏南模式”和“温州模式”不同的是珠三角地区经济的发展是以出口导向、发展外向型经济为主导的外源型经济发展模式，即利用外来直接投资和国际市场，结合本地的廉价土地和劳动力，通过加工制造低端产品，嵌入全球价值链。《广东省供给侧结构性改革总体方案（2016—2018 年）》研究制订珠三角地区梯度转移产业目录时，也强调要促进珠三角地区要素成本较高、劳动密集但仍有市场需求的加工贸易、传统优势产业及符合环保标准的其他产业，加快向粤东西北地区梯度转移等。因此，有些学者提出珠三角的产业转型和升级主要着力两个方面：一是劳动密集型产业自身改造和升级；二是资本、技术密集型产业代替劳动密集型产业（王保林，2008）；另一些学者提出产业升级，实质上是工业所具有的创新性和革命性的自发彰显，在此过程中，市场发挥资源配置的决定性作用（金碚，2014）。由此可见，优化珠三角地区经济发展模式，建立统一要素市场，实现珠三角生产要素优化配置，推进珠三角供给侧结构性改革不仅是解决珠三角产业升级和经济增长问题的现实需要和重要办法，更是贯彻落实党和国家的方针政策的必要措施。

实现生产要素空间流动与珠三角产业链区域梯度演进有效耦合的前提是生产要素能够自由流动，因此，建立统一要素市场推进珠三角供给侧结构性改革势在必行。建立统一要素市场，减少要素流动的障碍，降低要素流动的成本，有利于整合要素资源，达到要素最优配置，实现供给侧结构性改革的根本目标。那么，建立统一要素市场推进供给侧结构性改革能否提高珠三角地区企业生产率呢？能提高多少呢？生产要素对地区生产效率是否呈现空间溢出效应，以及呈现何种形态的空间溢出效应？本章将利用空间邻接、地理距离空间权重等建立空间计量模型进行实证分析来回答上述问题。

第一节 文献综述

(一) 关于供给侧结构性改革的研究

要全面科学地分析市场运行，无论是从微观视角分析具体某个市场的运行，还是从宏观视角分析整体市场的运行，都需要从供给和需求两方面入手（曼昆，2012）；对供给侧结构性改革的理论渊源可追溯到马克思的理论（任红梅等，2015）。当前理论界对供给侧结构性改革的混乱解读有两个倾向：一是“箩筐”倾向，二是“帽子”倾向（张鹏，2016）。从严格的概念界定上，供给侧结构性改革虽然突出了供给侧的问题，但还不完全等同于供给管理；一些经济学家提出经济学中几乎很少用“供给侧”这个提法，有分析认为日本经济学家青木昌彦曾用过（吴敬琏，2016）；然而供给侧结构性改革针对供给方采取的政策措施是不同于西方的“供给学派”；结构改革本身就是与供给面联系在一起的，“结构性改革”应包括供给结构调整和结构改革两方面任务（刘霞辉，2016）。目前国内外学者主要从四个视角来分析供给侧结构性改革问题：第一，直接从经济运行中表现出来的供给侧问题入手，即从“三去一降一补”入手（洪银兴，2016；卫兴华，2016）；第二，从供给侧的体制机制改革入手，尤其是强调全面深化市场化改革（冯志峰，2016）；第三，从经济增长的动力结构视角分析劳动、资本和技术创新等要素结构（蔡昉，2016）；第四，从经济结构视角，具体划分为企业、产业和政府三个层面来分析供给侧结构性改革问题（黄群慧，2016）。周密等（2017）则另辟蹊径，跳出了市场和政府之争，通过对消费结构和住房属性的异质性处理和二元市场的均衡分析，认为中国式产能过剩是商品和住房二元市场叠加的饱和需求式过剩，并以此解释了为什么供给侧结构性改革是解决中国式产能过剩的必由之路。

（二）关于统一要素市场的研究

进行供给侧结构性改革、提高全要素生产率的动力结构是劳动、资本和技术创新等要素结构（黄群慧，2016）。但是中国长久以来一直存在市场分割的问题，孙志新（1990）较早地研究了发展全国统一市场的重大步骤和尝试，但“双向分权”向行政性分权倾斜，使得地方权力强化、地区封锁和市场分割等日益严重，使市场主体构成、商品流通渠道、市场组织方式都呈现出非常复杂的状况，这些都使建立统一市场面临着异乎寻常的困难。Young（2000）和 Poncet（2005）认为中国市场分割一直比较严重，没有明显减弱的趋势，也有学者认为中国市场分割的程度正在逐渐降低（Xu，2002）。中国地方的分割会降低省际要素配置效率（郑毓盛等，2003）。贾若祥（2010）、党国英（2013）提出要建立城乡统一的要素市场，通过统一要素市场扭转城强乡弱；黄阳平（2013）进一步提出新型城镇化重在建设城乡统一要素市场，建设城乡统一要素市场的深远意义在于有利于盘活农村的劳动力、土地和资本等主要要素资源，推进城乡要素的平等交换，增加农民收入，使城镇化逐步从政策驱动转化为市场驱动。陈勇兵等（2013）提出建立全国统一大市场，目前中国式分权导致的市场分割是中国走向统一大市场的阻碍；何代欣（2017）则从大国转型与扩大内需的角度，研究了中国结构性改革的内在逻辑，提出要建立统一要素市场，实施有利于产能出清和消费升级的供给侧改革。

综上所述，关于供给侧结构性改革的研究越来越丰富，目前国内外学者从不同的角度阐述和分析了供给侧改革对促进经济增长的机理与内涵，但是关于供给侧改革推动经济增长的动力结构研究较少，对生产要素配置结构，生产要素流动的空间逻辑、生产要素与产业梯度的耦合机理等缺乏系统性研究；对于建立统一要素市场也仅限于城乡，且更多的研究偏向于全国范围内的大市场，未着重研究要素市场的发展和建设情况，尤其是缺乏对于珠三角的研究，基于此，本章将结合国内外前沿研究、最新成果，经集成、提炼并将“论证珠三角要素市场空间关联、溢出作用——跨区域要素配置优化、提高全要素生产率——建立统一要素市场、推进供给侧改革”等一系列有机联系的问题置于一个统一的理论分析框架下开展新视角研究。

第二节　模型构建及数据说明

（一）模型设定

本章假设珠三角各区的经济生产状况符合 C－D 生产函数特性，即

$$Y_{it} = AL_{it}^{\alpha}K_{it}^{\beta} \tag{6-1}$$

式中：Y，L，K 分别代表 i 地区 t 年的总产出、劳动要素投入、资本存量要素投入量；A 为常数；α，β 分别代表劳动、资本的产出弹性。C－D 生产函数本质代表着生产投入和产出的一种关系，据此，生产要素投入量的大小影响着经济产出与生产效率，即全要素生产率（TFP），除资本要素（K）和劳动力要素（L）外，技术要素（T）和外国投资（FDI）也是影响我国珠三角地区经济发展非常重要的因素，在当今时代，信息（$INFOR$）作为一种新的生产要素，在经济和社会中发挥着愈加重要的作用，即

$$TFP_{it} = f(L_{it}, K_{it}, FDI_{it}, T_{it}, INFOR_{it}) \tag{6-2}$$

根据式（6 - 1），对式（6 - 2）加以改进得到生产函数方程，为更易得到平稳序列以及消除数据量纲的影响，不改变数据的原有性质，因此取其自然对数并整理，得到一般非空间面板计量分析模型为

$$\ln TFP_{it} = \alpha + \beta_1 \ln L_{it} + \beta_2 \ln K_{it} + \beta_3 \ln FDI_{it} + \beta_4 \ln T_{it} + \beta_5 \ln INFOR_{it} + \mu_i + \varepsilon_{it} \qquad (6-3)$$

新地理经济学理论表明，在空间上相互邻接或在地理距离上相近的地域间，两地之间交流越方便，那么生产要素的流动越频繁，并且更容易出现相互学习、模仿和攀比等现象，进而使得在空间上关联的地域之间生产要素状况具有相似性，会呈现空间依赖（魏下海，2010）。珠三角 9 市多年来致力于区域整体规划，经过发展与融合，理论上，各地区彼此之间的地域联系和空间依赖应当逐渐加深。因此，基于式（6 - 3），本章建立空间面板计量模型，一般形式为

$$\ln TFP = \rho W \ln TFP + \alpha I_N + X\beta + WX\theta + \mu, \mu = \lambda W\mu + \varepsilon \qquad (6-4)$$

式 6 - 4 中：$\ln TFP$ 为 $N \times 1$ 阶的被解释变量向量；X 为 $N \times K$ 阶的解释变量矩阵，包括劳动要素（L）、资本要素（K）、外资要素（FDI）、技术要素（T）和信息要素（$INFOR$），故而 WY 表示因变量的内生交互效应，WX 表示自变量的外生交互效应；α，β，ρ，θ 为对应的回归系数；λ，ρ 被统称为空间相关系数；I_N为 $N \times 1$ 且元素都为 1 的列向量；$\varepsilon \sim IID(0, \sigma^2 I)$；$\mu$ 为 $N \times 1$ 的扰动项列向量，$W\mu$ 为扰动项的交互效应。

当 $\lambda = 0$ 时，此模型成为空间杜宾模型（SDM）：

$$\ln TFP = \rho W \ln TFP + \alpha I_N + X\beta + WX\theta + \varepsilon \qquad (6-5)$$

在 $\lambda = 0$，$\theta = 0$ 时，此模型成为空间滞后模型（SLM），也称作空间自相关模型（SAR）：

$$\ln TFP = \rho W \ln TFP + \alpha I_N + X\beta + \varepsilon \qquad (6-6)$$

当模型中的空间交互项系数 θ、因变量空间滞后项系数 ρ 以及回归系数 β 之间满足 $\theta = -\rho\beta$ 时，此模型成为空间误差模型（SEM）：

$$\ln TFP = \alpha I_N + X\beta + \mu;\ \mu = \lambda W\mu + \varepsilon \qquad (6-7)$$

不同类型的计量模型所揭示的经济含义存在较大差别，为了获取对珠三角经济现实拟合效果最优的计量模型，并探究不同类型的空间计量模型是否能够相互转化，本章遵照非空间面板模型——空间面板模型这一研究路径对模型进行设定和检验，并根据上述所建计量模型进行实证分析。

（二）变量选取及数据说明

1. 空间权重矩阵设定

空间邻接权重矩阵（W_1）。根据地理学理论，地理位置上相邻是引起空间关联的直接原因。因此本研究设置空间邻接 0－1 二元矩阵（W_1）来反映这种区位空间邻接关系。该矩阵元素在珠三角 9 市 i 和 j 相邻时取值为 1，不相邻时取值为 0，对角线元素设置为 0。这种权重矩阵设定方式简单易行，但是也存在缺点，不能够反应地理距离相近但不相邻区域之间的影响（李婧等，2010）。

地理距离权重矩阵（W_2）。借鉴冯林等（2016）和白俊红（2017）的研究，W_2采用地理距离的倒数来构造，地理距离以珠三角城市之间的球面欧式距离测量，对角线元素设置为 0。该矩阵意味着城市地域之间地理距离越远，空间关联越弱，克服了简单权重矩阵的弊端。

此外，为了消除权重矩阵量纲的影响，计量分析过程中本章对权重矩阵都进行了列标准化处理，从而使权重矩阵的列元素之和均为 1。

2. 变量选取及测算

（1）因变量：全要素生产率（*TFP*）测算。

DEA 作为一种非参数分析法因其无须假设权重，且不必确定输入、输出之间关系的显示表达，避免了对总量生产函数的设定，且不会先验地假设生产技术具有规模报酬不变的特征，因而在有效性评价中有广泛的应用。本研究选择采用 Fare 等（1997）非参数 DEA_Malmquist 方法对珠三角 9 市的全要素生产率进行测算。其基本模型如下

设向量 $X=(X_1, X_2, \cdots, X_t)$ 为投入向量，$Y=(Y_1, Y_2, \cdots, Y_t)$ 为产出向量，即有

$$S^t = \{(X^t, Y^t): X^t \text{ 可以生产 } Y^t\} \quad (6-8)$$

基于 t 期投入产出和技术的产出距离函数定义为

$$D_0^t(X^t, Y^t): = inf\{\theta:(X^t, Y^t/\theta) \in S^t\} = (sup\{\theta:(X^t, \theta Y^t) \in S^t\})^{-1} \quad (6-9)$$

类似地，可以定义基于 t 期和 $t+1$ 期的产出距离函数分别为

$$D_0^t(X^{t+1}, Y^{t+1}), D_0^{t+1}(X^{t+1}, Y^{t+1}), D_0^{t+1}(X^t, Y^t) \quad (6-10)$$

那么，Malmquist 生产率指数可以分别表示为

$$M_0^t = \frac{D_0^t(X^{t+1}, Y^{t+1})}{D_0^t(X^t, Y^t)}, M_0^{t+1} = \frac{D_0^{t+1}(X^{t+1}, Y^{t+1})}{D_0^{t+1}(X^t, Y^t)} \quad (6-11)$$

将式（6－10）与式（6－11）的几何平均值作为衡量从时期 t 到 $t+1$ 全要素生产率（*TFP*）变化的 Malmquist 生产率指数，即

$$M_0^t = \left[\left(\frac{D_0^t(X^{t+1}, Y^{t+1})}{D_0^t(X^t, Y^t)}\right)\left(\frac{D_0^{t+1}(X^{t+1}, Y^{t+1})}{D_0^{t+1}(X^t, Y^t)}\right)\right]^{1/2} \quad (6-12)$$

Malmquist 生产率指数是一个相对指标，反映的是 *TFP* 的变化率，本章借鉴程惠芳等（2014）的研究，假定基年 2004 年的 *TFP*＝1，则 2005 年的 *TFP* 等于 2004 年的 *TFP* 乘以 2005 年的 Malmquist 生产率指数，其他各年则以此类推。

在指标的选取上，根据数据的可得性，并参考相关文献，将

工业增加值作为产出变量，将工业部门固定资产净值年平均余额和全部从业人员年平均人数作为投入变量。数据主要来源于广东统计局，广东统计年鉴以及珠三角9市各年统计年鉴，部分缺失数据通过插值法来推算补全。考察的时间期限为2004—2015年。为使数据具有可比性，通过工业品出厂价格指数以2004年为基期对工业增加值进行了定基处理，并采用永续盘存法对固定资产进行了调整与处理。

（2）自变量。

一般来说，经济中的生产要素的内容是“四要素论”，主要包括劳动、资本、土地、管理。随着社会发展，又产生了“六要素论”，主要包括劳动、资本、土地、管理、技术、信息。而在实际经济中，土地要素和管理要素难以衡量，目前尚无较好的统计指标予以刻画，因此剔除土地和管理这两种生产要素，并且根据现代内生经济增长理论，资本、劳动力和技术进步是现代经济增长的三个主要源泉，而信息化又是当今社会中不可忽视的要素，考虑到我国自改革开放以来，外资作为一种外部要素对我国经济，尤其对于以外向型经济为主的珠三角地区而言，其作用不言而喻。因此，本研究选取资本投入、劳动投入、外资投入、技术投入和信息化水平作为生产要素的主要指标。

资本投入（K）：固定资产投资（亿元）是一个一直沿用的官方统计指标，可以作为“资本投入”指标来考量，但必须考虑资本存量的影响，借鉴张军等（2004）的做法，运用永续盘存法进行调整：

$$K_{2005} = k_{2005}/(g_i + \delta), K_{it} = K_{it-1}(1 - \delta) + k_{it} \quad (6-13)$$

式中：K代表固定资产投资存量；k为当期的固定资产投资流量，即当期投资额；g为投资额年均增长率；δ为折旧率，取为5%。

劳动投入（L）：国内外部分学者使用人力资本这个概念，人力资本的内容主要包含劳动者知识和技能因素，但是由于其难以衡量，所以，目前并没有发现其他比较好的指标能来描述劳动投入。因此，本书使用各地区年从业人数（人）来代替。

外资（*FDI*）：选用珠三角各地区每年实际使用的外商直接投资总额（亿元）表示。

技术投入（*T*）：一般包括研究与开发活动人员投入和研究与开发经费内部支出两个指标，考虑各市科技人员数量差异较大，用 R&D 经费内部支出（亿元）作为参考。

信息化水平（*INFOR*）：选用各地区当年的邮电业务总量（亿元）表示。

为便于数据可比较和减少异方差，所有数据均取对数。

3. 数据说明

基于数据的可得性和有效性，选用我国珠三角 9 市 2005—2015 年 11 年的面板数据进行分析，全部相关数据均从《广东省统计年鉴》以及珠三角各市统计年鉴直接整理得到。使用计量经济学软件 Stata 14. 0，根据模型和数据，进行实证分析。在此列出本章模型相关变量数据描述性统计，见表 6 – 1。

表 6 – 1　变量描述性统计

变量	观测值	均值	标准差	最小值	最大值
ln*TFP*	99	0. 045866	0. 0799908	– 0. 249744	0. 276873
ln*L*	99	5. 755143	0. 6295852	4. 543401	6. 809193
ln*K*	99	6. 872781	0. 7726798	5. 181840	8. 595256
ln*FDI*	99	4. 720703	0. 6730104	3. 348258	6. 003091
ln*T*	99	3. 651152	1. 3546600	– 0. 192736	6. 511224
ln*INFOR*	99	5. 168125	0. 9513629	3. 474423	6. 996630

由表 6 – 1，可以得到珠三角地区相关统计指标的数字特征和分布状况：

（1）珠三角 9 市的全要素生产率差距较大，广州、深圳、惠州、珠海和东莞等地的生产率较高，而江门、肇庆、中山和佛山等地的生产率较低，最高的全要素生产率可达 1.319，而最低的全要素生产率只有 0.779，极差较大，并且总体而言，珠三角地区的全要素生产率平均水平不高，只有 1.0469。

（2）珠三角地区各生产要素中，劳动力要素、资本要素、外资要素和信息化程度地区差距不大，彼此数量及程度较为接近，并且波动程度较小。只有技术要素差距较大，最高的地区研发投入可达 672.649 亿元，最低只有 0.8247 亿元，而且整体投入波动幅度较高。

第三节　实证分析

（一）空间自相关检验

为了识别出各变量的全局空间相关性，本研究选用表示全域空间自相关性的指标 *Moran'I* 指数进行检验，其构造如下

$$I = \frac{\sum_{i=1}^{N}\sum_{j=1}^{N} w_{ij}(Y_i - \overline{Y})(Y_j - \overline{Y})}{S^2 \sum_{i=1}^{N}\sum_{j=1}^{N} w_{ij}} \qquad (6-14)$$

式中：$S^2 = \frac{1}{N}\sum_{i=1}^{N}(Y_i - \overline{Y})$，$\overline{Y} = \frac{1}{N}\sum_{i=1}^{N} Y_i$，$Y_i$ 代表第 i 城市的观测值；N 代表城市个数；w_{ij}代表空间权重矩阵的（i，j）元素。I 指数在（1，1）之间，$I>0$ 表示空间正相关，$I<0$ 表明空间负相关，$I=0$表示地区之间无关联。I 值越大意味着空间相关性越强，反之越小。

以地理距离矩阵为权重矩阵的检验结果见表 6－2。从表 6－2 可知，在大部分年份里，所考察的大部分变量的 *Moran'I* 指数大于 0，仅有少部分小于 0，并且大部分在 10% 的显著性水平上通过检验，这表明所选变量指标具有显著的空间相关性，珠三角各

个地区的生产要素市场及全要素生产率的发展存在较强的空间关联性，并且具有空间依赖和空间集聚的特点，这也表明对于珠三角地区建立统一要素市场需进行空间计量分析的必要性。

表 6-2　W_2 下各变量的 *Moran'I* 检验

年份	地理距离矩阵 W_2					
	ln*TFP*	ln*L*	ln*K*	ln*FDI*	ln*T*	ln*INFOR*
2005	-0.147 (-0.184)	0.097* (1.841)	0.089* (1.683)	-0.004 (-0.964)	0.038 (0.729)	0.015 (1.091)
2006	0.113 (0.109)	0.081* (1.688)	0.097* (1.728)	0.004 (1.024)	0.031* (1.781)	0.017 (1.100)
2007	0.099 (0.254)	0.075* (1.653)	0.137** (2.039)	0.056 (1.421)	0.023* (1.832)	0.029 (1.192)
2008	0.082 (0.390)	0.080* (1.697)	0.162** (2.236)	0.068 (1.509)	-0.267 (-1.125)	0.015 (1.082)
2009	0.100 (0.209)	0.080* (1.719)	0.180** (2.400)	0.070* (1.743)	0.057* (1.746)	0.016 (1.090)
2010	0.299* (1.729)	0.105* (1.838)	0.177** (2.438)	0.069* (1.732)	0.039 (0.701)	0.049* (1.747)
2011	0.055 (0.577)	0.107* (1.858)	0.167** (2.369)	0.103* (1.776)	0.034 (0.755)	0.018 (1.123)
2012	0.180* (1.691)	0.106* (1.844)	0.157** (2.306)	0.101* (1.766)	0.123* (1.850)	0.018 (1.116)
2013	0.162* (1.648)	0.091* (1.724)	0.168** (2.453)	0.098* (1.757)	0.021* (1.868)	0.009 (1.052)
2014	0.025* (1.812)	0.093* (1.735)	0.171** (2.477)	0.091* (1.702)	0.018 (0.888)	0.005 (1.022)
2015	0.173* (1.751)	0.094* (1.746)	0.146** (2.227)	0.004 (1.022)	0.018* (1.894)	0.002 (1.003)

注：括号内为估计参数的 *z* 统计量；**、* 分别表示在 5%、10% 的水平上显著。

（二）非空间面板估计

为使实证结果更加稳健，在进行空间面板回归之前，本研究进行了面板单位根和协整检验，表明变量有协整关系，并做了一般面板回归，在此列出非空间面板回归结果，见表6－3。根据表6－3可以看出，劳动力要素与信息化水平对*TFP*产生了负向影响，资本要素、外资和技术要素则对*TFP*产生了正向影响，显著性较差，并且各回归结果的拟合优度较低，均在0.2以下，这表明一般面板模型不能较好地描述与分析各要素市场对珠三角全要素生产率的影响作用，未考虑要素在空间上的转移与地区间的交叉影响，进一步证明对珠三角要素市场需进行空间计量分析的必要性。

表6－3　非空间面板模型回归估计

参数	OLS模型	FE模型	RE模型
ln*L*	－0.0591** （－2.22）	－0.0870 （－0.83）	－0.0570** （－2.07）
ln*K*	0.0297* （1.66）	0.0207 （0.92）	0.0284* （1.68）
ln*FDI*	0.0200 （0.82）	0.0368 （0.70）	0.0220 （0.87）
ln*T*	0.00760 （0.81）	0.00647 （0.63）	0.00732 （0.77）
ln*INFOR*	－0.000470 （－0.03）	－0.0509** （－2.17）	－0.00241 （－0.14）
常数项	0.0616 （0.62）	0.494 （1.00）	0.0603 （0.59）
R^2	0.1045	0.0747	0.0198
F	2.17	1.37	9.95

注：括号内为估计参数的t统计量；**、*分别表示在5%、10%的水平上显著。

（三）空间面板模型估计

根据前文的分析与验证，基于珠三角各地区生产要素市场和经济活动的空间关联，本研究分别以空间邻接矩阵 W_1 和地理距离倒数矩阵 W_2 作为权重矩阵，对 SAR，SEM 和 SDM 模型进行估计得出回归结果，并按照 Ramos 等（2005）提出的判断规则，借鉴龚维进等（2017）与白俊红等（2017）的研究，选用自然对数值（Log－L）、Wald 检验和 LR 检验对模型的拟合效果进行检验。进一步使用豪斯曼检验（Hausman test）判断模型应选择固定效应，结果见表 6－4。

表 6－4　W_2 下各空间计量模型回归结果

参数	SDM		SAR		SEM	
	FE 模型	RE 模型	FE 模型	RE 模型	FE 模型	RE 模型
ln*L*	−0.158 (−1.25)	−0.102*** (−3.16)	−0.142 (−1.51)	−0.0651** (−2.20)	−0.165* (−1.76)	−0.0823*** (−3.21)
ln*K*	0.0884* (1.65)	0.0652** (2.30)	0.0198 (1.00)	0.0261 (1.31)	0.0228 (0.97)	0.0515** (2.39)
ln*FDI*	0.0237 (0.51)	0.00366 (0.11)	0.0445 (0.96)	0.0226 (0.81)	0.0416 (0.95)	0.00310 (0.14)
ln*T*	0.00510 (0.55)	0.00577 (0.62)	0.00185 (0.18)	0.00604 (0.67)	0.00387 (0.40)	0.00642 (0.76)
ln*INFOR*	−0.171*** (−2.88)	0.0203 (0.71)	−0.0365* (−1.72)	0.00481 (0.23)	−0.0606* (−1.90)	0.0154 (0.76)
W∗ln*L*	1.672*** (4.53)	0.0926 (0.77)				
W∗ln*K*	0.0993* (1.79)	0.0773* (1.83)				
W∗ln*FDI*	0.182* (1.76)	0.0951 (0.88)				

续表

参数	SDM		SAR		SEM	
	FE 模型	RE 模型	FE 模型	RE 模型	FE 模型	RE 模型
$W*\ln T$	0.0115 (0.59)	0.00719 (0.33)				
$W*\ln INF$	0.139** (2.24)	0.0576 (1.60)				
ρ 或 λ	0.144*** (2.56)	0.311** (2.42)	0.365*** (2.98)	0.339*** (2.66)	0.406*** (3.42)	0.427*** (3.60)
σ^2	0.00353*** (7.03)	0.00466*** (6.98)	0.00431*** (6.96)	0.00510*** (6.33)	0.00420*** (6.94)	0.00494*** (6.93)
R^2	0.7201	0.8853	0.0544	0.6090	0.0703	0.7814
Log-L	138.89	124.32	127.75	118.58	128.69	120.41
Hausman Test	0.001***		0.004***		0.003***	
Wald test Spatial Lag	24.13*** (0.0002)					
LR test Spatial Lag	22.28*** (0.0005)					
Wald test Spatial Error	23.04*** (0.0008)					
LR test Spatial Error	20.39*** (0.0011)					

注：括号内为估计参数的统计量；***、** 和 * 分别表示在 1%、5% 和 10% 的水平上显著。

根据表6-4，比较 SDM，SAR 和 SEM 三种模型回归结果，可以发现各空间关联项系数 θ、ρ 或 λ 均大于 0，且系数比较显著，说明珠三角各地区的生产要素会通过空间溢出和流动，影响其他地区的全要素生产率，同时也意味着本地区全要素生产率会受到其他地区生产要素和要素生产率的加权影响。此外，较之 SAR 和 SEM 模型，SDM 模型回归结果的显著性系数个数较多，R^2和 Log-L 较大，表明其拟合效果较好。进一步地，本研究应用 LR 检验和 Wald 检验对 SDM 模型进行诊断，检验结果表明：LR 滞后和误差检验与 Wald 滞后和误差检验 P 值均小于 0.01，在 $\theta=0$ 和 $\theta=-\rho\beta$ 的原假设下，SDM 模型不能退化为 SAR 和 SEM

模型，这表明空间杜宾模型特有的直接作用机制和空间溢出机制不能被忽略。据此，本研究采用 SDM 模型进行分析。

（四）直接效应、间接效应和总效应

根据空间计量经济学相关理论和 LeSage 和 Pace（2009）的研究，在空间计量模型的估计结果中，在被解释变量的空间自相关系数显著不为零的情况下，则不能直接用解释变量及其空间滞后项的回归系数来度量解释变量对被解释变量的空间溢出效应，否则会得到有偏的估计结果。为克服上述问题，LeSage 和 Pace（2009）进一步提出了一种空间回归模型的偏微分方法，将解释变量对被解释变量空间溢出的直接效应和间接效应从总效应中分解出来，以实现对模型估计结果更为合理的解释。直接效应表示的是地区内的影响，即自变量 x 对本区域 y 的平均影响，间接效应体现的是地区间的影响，即自变量 x 对其他区域的 y 的平均影响，两者相加为总效应，总效应表示解释变量对所有地区被解释变量造成的平均影响（Elhorst，2010；白俊红等，2017）。

对式（6-5）中 SDM 形式的表达式取期望后再对第 k 个自变量求偏导得

$$\left[\frac{\partial E(Y)}{\partial x_{1k}} \cdots \frac{\partial E(Y)}{\partial x_{Nk}}\right] = (I - \rho W)^{-1}(I\beta_k + W\theta_k) \quad (6-15)$$

式（6-15）对角线上的元素表示直接效应，非对角线上的元素则表示间接效应（Vega 和 Elhorst，2015）。

据此理论，分解出了空间邻接权重矩阵和地理距离空间权重矩阵下 SDM 的直接效应、间接效应和总效应，并结合地区时间固定、空间固定和时空双固定效应进行了回归，通过综合比较残差平方和 σ^2、R^2 和 Log-L 等项，结果均支持时间固定效应，不同权重下的 SDM 效应分解结果见表 6-5。模型估计结果在不同空间权重矩阵中都较为稳健，本章选用地理距离空间权重矩阵 W_2 下

SDM 的回归结果进行分析。

表 6-5　不同权重下 SDM 的直接效应、间接效应和总效应

项目	$\ln L$	$\ln K$	$\ln FDI$	$\ln T$	$\ln INFOR$
	空间邻接矩阵 W_1				
直接效应	-0.0847** (-2.45)	0.0661*** (2.61)	0.0347* (1.74)	0.0732 (0.04)	0.0268 (0.99)
间接效应	0.0801 (1.22)	-0.0253 (-0.55)	0.0224* (1.71)	0.0216* (1.87)	0.0153 (0.28)
总效应	-0.0046 (-0.06)	0.0409* (1.86)	0.0571* (1.68)	0.0948 (0.34)	0.0421* (1.73)
	地理距离矩阵 W_2				
直接效应	-0.121*** (-3.85)	0.0683*** (2.59)	0.130* (1.84)	0.0564* (1.79)	0.110 (1.30)
间接效应	0.124 (0.81)	-0.0846 (-0.90)	0.0638* (1.67)	0.0247** (2.13)	0.0375 (1.14)
总效应	0.003* (1.68)	-0.0163* (-1.64)	0.1938* (1.92)	0.0811** (2.04)	0.1475* (1.69)

注：括号内为估计参数的 z 统计量；***、** 和 * 分别表示在 1%、5% 和 10% 的水平上显著。

对珠三角地区全要素生产率的影响因素中，劳动力要素对本地区的全要素生产率有抑制阻碍作用，系数为 -0.121，并通过 1% 的显著性检验；对邻近地区生产率有促进作用，作用系数为 0.124，但不显著。珠三角地区对全国而言，由于发展较早，发展程度较高，“虹吸效应”明显，产生大量外来劳动力，珠三角内部各地区劳动力投入过多，会增加就业难度与加大就业压力，促使劳动力外流，劳动力在珠三角各城市间转移流动，一方面劳动力外流会带走一部分本地资源到外地，削弱本地的生产能力，加强外地的生产能力；另一方面劳动力外流从长期看，会弱化本地的人力资本结构，提高外地的人力资本层次，进而对本地产生不利影响，但会对外地邻近地区产生有利影响（魏下海，2010）。

资本要素对本地区存在非常显著的正向作用，对邻近地区存在负向作用，作用系数分别为0.0683和-0.0846。资本要素代表一个地区的资本雄厚程度，政府公共投入越多，会显著地改善本地区的基础设施状况（张浩然等，2012），更好地为经济服务，企业资本投入越多，越能增加一个地区的吸引能力，将会吸引外地劳动力、资金及技术等，提高本地区的全要素生产率，但会对邻近地区产生抑制作用，呈现负的外部效应。特别地，珠三角9市经济发展差距较大，且存在广州和深圳两个特大城市，这种对附近地区的吸引能力将会更强，长期来看，这对珠三角其他城市发展是不利的。

外商直接投资对本地区有促进作用，对邻近地区也有一定的推动作用。珠三角是外向型经济，发展过程中获得了大量的外商投资，承接外商投资越多的城市，将会增加此地区相关的基础设施与配套服务，会带来国外比较先进的管理经验和技术溢出，将会整体提高本地区的经济质量，同时外资也代表了一种吸引力，也会吸引邻近地区的劳动力来此就业，企业来此投资，极大地促进本地区的发展。对邻近地区，由于贸易成本、集聚效应等传导机制的作用，相邻地区的空间溢出效应显著地影响*FDI*的区域分布，本地区*FDI*的增加可能会使本地区的企业转移到邻近地区，并且对相邻地区*FDI*流入也有一定正向影响（苏梽芳等，2008）。

技术要素对本地区提高全要素生产率促进作用较大，对邻近地区促进作用较小，珠三角地区产业布局呈现明显的区域特色，地区技术研发常常基于本地产业实际的企业需求，匹配与本地实际的经济环境，因此技术创新常常能极大地促进本地区的全要素生产率，对于与本地存在空间经济关联的其他地区，由于技术转移与溢出不匹配于当地实际产业，且溢出效应存在消化吸收过程和“时滞效应”，所以影响作用较小。

信息化水平与本地区全要素生产率正相关，对邻近地区也有一定正向影响。信息化程度代表一个地区的经济效率，信息化程度越高，越能减少经济活动中信息沟通与交流的障碍，减少“信息不对称”，更能促进工业化与信息化融合（谢康等，2012）。珠三角地区由于多年来的一体化发展和产业规划，各城市间沟通交流不断深入，信息化程度不断提升，使经济保持有效、高效地运转，信息化的发展在提升本地区全要素生产率的同时，能够通过空间外溢效应推动相邻地区经济的全要素生产率提升。

（五）稳健性检验

1. 经济距离权重矩阵下的回归检验

通过空间邻接和地理距离来构建的空间权重矩阵，仅表示了地区区域之间邻近及距离特征带来的影响，但是珠三角各城市的要素空间作用不仅与地理距离相关，与经济发展差异也不无关系。因此，借鉴李婧等（2010）和白俊红（2015）的研究，构建能够考虑地区间经济空间相关性的经济距离权重矩阵，以检验前文结果是否稳定。结果表明，采用经济距离权重矩阵后，回归结果仍显示 SDM 模型的拟合效果最优。而且虽然估计结果的系数大小有所差异，但其方向和显著性水平并没有发生根本改变。这也表明，研究结果是稳健可靠的。

2. 内生性检验

珠三角供给侧改革固然能够带来全要素生产率的提高，但反过来，全要素生产率的提高并不必然是由供给侧改革带来的，且影响珠三角地区全要素生产率的因素众多，本章仅从生产要素及要素市场的角度考虑其作用，因此，可能存在指标选取和遗漏变量等问题，造成内生性。珠三角地区生产要素市场的区域间空间关联和相互作用会促进市场一体化、提高全要素生产率、推动经济发展，这会使得珠三角地区产业集聚，促使跨地区的相关配套基础设施和服务的完善，从而增强城市间经济联系，加强区域间要素的流动和要素市场联动的空间溢出作用。因此，可能存在相互影响的内生性问题。本章借鉴白俊红等（2017）的方法，采用空间 SAR 模型的 GMM 方法对模型进行稳健性检验，并参考、借鉴 Kelejian 和 Prucha（1997）、余泳泽等（2013）的研究，选用 $W*X$ 作为空间 GMM 估计的工具变量，通过 Hansen J 检验，结果表明选取的工具变量是合适的，且估计结果与前文无较大变化。此外，本章借鉴龚维进等（2017）的研究，建立空间杜宾误差修正模型（SDEM）进行估计，回归结果系数大小和方向与前文研究无较大差别，部分系数显著性程度存在变化，但依然显著。综上，本章的研究结果是稳健的。

第四节　结论与建议

在中国经济进入新常态，国家实施供给侧结构性改革的背景下，结合珠三角经济实际发展状况，系统而又全面的认识供给侧生产要素对经济发展的影响效果显得极为迫切与必要。基于此，本章选用珠三角 9 市 2005—2015 年面板数据，运用空间计量经济学分析方法实证研究珠三角生产要素市场的空间关联作用对全要素生产率的影响。研究发现：一是珠三角各地区全要素生产率存在较强的空间自相关性，并且标志空间依赖关系的空间自回归系数和误差空间自相关系数的统计检验较为显著，证明珠三角地区经济要素的生产活动存在较高程度的空间关联性，邻近地区之间形成了较强的空间依赖作用和空间溢出效应；二是劳动力要素对本地区提高全要素生产率有显著的阻碍作用，对临近地区有显著的促进作用；资本要素对本地区全要素生产率有积极作用，对邻近地区却有消极作用；三是技术要素、外资要素和信息化水平对本地区提高全要素生产率贡献较大，对邻近地区也有一定的正向作用，但贡献较小。上述研究结果也表明珠三角地区生产要素市场不仅对本地区经济和生产率产生不同的作用，而且会通过要素流动、要素转移和空间溢出对邻近区域产生相当程度的作用，因此，在珠三角地区，建立统一要素市场，抓住和顺应国家供给侧结构性改革的机遇和趋势，对发展珠三角经济具有特别的意义。

立足于以上研究结论，可得出以下政策性启示。

第一，珠三角各个地区各个要素彼此之间相互关联，不仅存在“虹吸效应”，而且也存在“溢出效应”，要求珠三角地区必须建立统一的生产要素市场，促进要素的跨城市自由流动，增强市场活力，可先从局部市场“广佛肇”“珠中江”“深莞惠”的整合着手，淡化行政区概念，破除要素流动的经济和非经济壁垒（于刃刚等，1999），减少要素及资源跨区域流动的障碍及市场准入限制，增加要素流动的渠道，保持开放自由的外部环境，最终实现整个区域的一体化（张为付等，2004）。

第二，珠三角各地区要素禀赋不同，通过构建统一要素市场，加速要素流动与集聚，形成地区的资源禀赋比较优势，进而促使各城市实现产业集聚，形成产业“外部性”，最终促使结构优化与产业升级（王春晖等，2014），推进供给侧改革深入实施。

第三，生产要素会通过空间溢出对本地区和邻近其他地区产生不同的影响，自身得到发展的同时可能会对其他地区产生不利的影响，各地区要统筹兼顾，做好利益协调（陈湘满，2002），努力形成携手共进的良好局面，同时鉴于珠三角各主体功能区之间战略发展定位可能不同，需要建立珠三角各地区间空间利益补偿机制，政策协同，实现区域协调发展。

参考文献

白俊红，蒋伏心 . 2015. 协同创新、空间关联与区域创新绩效［J］. 经济研究，50（7）：174－187.

白俊红，王钺，蒋伏心，等 . 2017. 研发要素流动、空间知识溢出与经济增长［J］. 经济研究，52（7）：109－123.

白重恩，杜颖娟，陶志刚，等 . 2004. 地方保护主义及产业地区集中度的决定因素和变动趋势［J］. 经济研究，39（4）：29－40.

邴綨纶，毛艳华 . 2017. 港澳台与广东省地缘经济关系匹配研究［J］. 现代管理科学，（04）：27－29.

卜茂亮，高彦彦，张三峰 . 2010. 市场一体化与经济增长：基于长三角的经验研究［J］. 浙江社会科学，（6）：11－17.

蔡赤萌 . 2017. 粤港澳大湾区城市群建设的战略意义和现实挑战［J］. 广东社会科学，（4）：5－14.

蔡昉 . 2016. 认识中国经济减速的供给侧视角［J］. 经济学态，（4）：14－22.

曹子阳，吴志峰，匡耀求，等 . 2015. DMSP/OLS 夜间灯光影像中国区域的校正及应用［J］. 地球信息科学学报，17（9）：1092－1102.

陈朝萌 . 2016. 粤港澳大湾区港口群定位格局实证分析［J］. 深圳大学学报（人文社会科学版），33（4）：32－35.

陈林，伍海军 . 2015. 国内双重差分法的研究现状与潜在问题［J］. 数量经济技术经济研究，32（7）：133－148.

陈诗一，张军 . 2008. 中国地方政府财政支出效率研究：1978—

2005［J］. 中国社会科学，（4）：65－78，206.

陈涛涛 . 2003. 影响中国外商直接投资溢出效应的行业特征［J］. 中国社会科学，（4）：33－43，204.

陈湘满 . 2002. 论流域开发管理中的区域利益协调［J］. 经济地理，（5）：525－529.

陈勇兵，陈宇媚，周世民 . 2013. 中国国内市场整合程度的演变：基于要素价格均等化的分析［J］. 世界经济，36（1）：14－37.

陈宇峰，叶志鹏 . 2014. 区域行政壁垒、基础设施与农产品流通市场分割——基于相对价格法的分析［J］. 国际贸易问题，（6）：99－111.

党国英 . 2013. 推进城乡要素平等交换［J］. 前线，（12）：49－51.

邓文博，宋宇，陈晓雪 . 2019. 区域一体化带动长三角欠发达地区经济增长效应评估——基于 DID 模型的实证研究［J］. 华东经济管理，33（7）：14－20.

范承泽，胡一帆，郑红亮 . 2008. FDI 对国内企业技术创新影响的理论与实证研究［J］. 经济研究，（1）：89－102.

封小云 . 2014. 粤港澳经济合作走势的现实思考［J］. 港澳研究，（02）：45－52，95.

冯林，刘华军，王家传 . 2016. 政府干预、政府竞争与县域金融发展——基于山东省 90 个县的经验证据［J］. 中国农村经济，（1）：30－39.

冯志峰 . 2016. 供给侧结构性改革的理论逻辑与实践路径［J］. 经济问题，（2）：12－17.

付强 . 2017. 市场分割促进区域经济增长的实现机制与经验辨识［J］. 经济研究，52（3）：47－60.

干春晖，郑若谷，余典范 . 2011. 中国产业结构变迁对经济增长和波动的影响［J］. 经济研究，46（5）：4－16，31.

龚维进，徐春华 . 2017. 交通便利性、开放水平与中国房价——基于空间杜宾模型的分析［J］. 国际贸易问题，（2）：50－60.

辜胜阻，曹冬梅，杨嵋. 2018. 构建粤港澳大湾区创新生态系统的战略思考［J］. 中国软科学，（4）：1－9.

桂琦寒，陈敏，陆铭，等. 2006. 中国国内商品市场趋于分割还是整合：基于相对价格法的分析［J］. 世界经济，（2）：20－30.

郭树清. 2007. 中国经济的内部平衡与外部平衡问题［J］. 经济研究，（12）：4－10，58.

国务院发展研究中心课题组. 2005. 国内市场一体化对中国地区协调发展的影响及其启示［J］. 中国工商管理研究，（12）：22－25.

何代欣. 2017. 大国转型与扩大内需：中国结构性改革的内在逻辑［J］. 经济学家，（8）：19－26.

何洁. 2000. 外国直接投资对中国工业部门外溢效应的进一步精确量化［J］. 世界经济，（12）：29－36.

洪银兴，刘志彪. 2003. 长江三角洲地区经济发展的模式和机制［M］. 北京：清华大学出版社.

洪银兴. 2016. 准确认识供给侧结构性改革的目标和任务［J］. 中国工业经济，（6）：14－21.

胡鞍钢. 1994. 欠发达地区发展问题研究［J］. 改革，（3）：110－117.

胡军，郭峰. 2013. 企业寻租、官员腐败与市场分割［J］. 经济管理，35（11）：36－47.

胡向婷，张璐. 2005. 地方保护主义对地区产业结构的影响——理论与实证分析［J］. 经济研究，（2）：102－112.

黄群慧. 2016. 论中国工业的供给侧结构性改革［J］. 中国工业经济，（9）：5－23.

黄晓慧，邹开敏. 2016. “一带一路”战略背景下的粤港澳大湾区文商旅融合发展［J］. 华南师范大学学报（社会科学版），（4）：106－110，192.

黄阳平. 新型城镇化重在建设城乡统一要素市场［N］. 福建日

报，2013－12－23.
贾若祥．2010．“十二五”区域协调发展的重点及相应体制机制安排［J］．中国发展观察，（6）：23－25.
金碚．2014．工业的使命和价值——中国产业转型升级的理论逻辑［J］．中国工业经济，（9）：51－64.
柯善咨，郭素梅．2010．中国市场一体化与区域经济增长互动：1995～2007年［J］．数量经济技术经济究，27（5）：62－72，87.
赖明勇，张新，彭水军，等．2005．经济增长的源泉：人力资本、研究开发与技术外溢［J］．中国社会科学，（2）：32－46，204－205.
黎熙元．2011．流动性：香港与内地之间人口跨境流动的社会学意义［J］．北方民族大学学报（哲学社会科学版），（1）：30－35.
李贲，吴利华．2018．开发区设立与企业成长：异质性与机制研究［J］．中国工业经济，（4）：79－97.
李斌，杨冉，卢娟．2019．中部崛起战略存在政策陷阱吗？——基于PSM－DID方法的经验证据［J］．中国经济问题，（3）：40－53.
李锋．2018．粤港澳大湾区发展现状及展望［C］．中国经济分析与展望（2017～2018），336－348.
李婧，谭清美，白俊红．2010．中国区域创新生产的空间计量分析——基于静态与动态空间面板模型的实证研究［J］．管理世界，（7）：43－55，65.
李胜兰．2018．粤港澳大湾区的意义、优势、挑战与制度创新［J］．探求，（2）：14－16.
李雪松，孙博文．2015．密度、距离、分割与区域市场一体化——来自长江经济带的实证［J］．宏观经济研究，（6）：117－128.
李永，王砚萍，孟祥月．2013．要素市场扭曲是否抑制了国际技术溢出［J］．金融研究，（11）：140－153.
梁经伟，毛艳华，江鸿泽．2018．影响粤港澳大湾区城市群经济发展的因素研究［J］．经济问题探索，（5）：90－99.

林贡钦，徐广林．2017. 国外著名湾区发展经验及对我国的启示［J］．深圳大学学报（人文社会科学版），34（5）：25－31.

林先扬．2017. 粤港澳大湾区城市群经济外向拓展及其空间支持系统构建［J］．岭南学刊，（4）：25－32.

林毅夫，刘明兴．2003. 中国的经济增长收敛与收入分配［J］．世界经济，（8）：3－14，80.

刘乃全，吴友．2017. 长三角扩容能促进区域经济共同增长吗？［J］．中国工业经济，（6）：79－97.

刘瑞明，赵仁杰．2015. 国家高新区推动了地区经济发展吗？——基于双重差分方法的验证［J］．管理世界，（8）：30－38.

刘瑞明，赵仁杰．2015. 西部大开发：增长驱动还是政策陷阱——基于PSM－DID方法的研究［J］．中国工业经济，（6）：32－43.

刘文秀．2004. 欧洲一体化性质及特点［J］．国际问题研究，（2）：63－66.

刘霞辉．实施供给侧改革重启高增长之路［N］．经济参考报，2016－05－09.

刘志彪．2010. 长三角区域经济一体化［M］．北京：中国人民大学出版社.

龙志和，林志鹏，吴梅，等．2012. 商品市场一体化的经济增长差异效应——以珠三角为例（2000—2009年）［J］．软科学，26（12）：1－4，9.

鲁勇．2002. 行政区域经济［M］．北京：人民出版社.

鲁志国，潘凤，闫振坤．2015. 全球湾区经济比较与综合评价研究［J］．科技进步与对策，32（11）：112－116.

陆铭，陈钊．2006. 中国区域经济发展中的市场整合与工业集聚［M］．上海：上海三联书店.

陆铭，陈钊．2009. 分割市场的经济增长——为什么经济开放可能加剧地方保护？[J]. 经济研究，44（3）：42－52.
吕炜，王伟同．2008. 发展失衡、公共服务与政府责任——基于政府偏好和政府效率视角的分析［J］. 中国社会科学，（4）：52－64，206.
罗序斌，周绍森．2014. 中部崛起进程的跟踪研究——基于崛起指数的理论架构和应用［J］. 生态经济，30（3）：21－25.
马忠新，伍凤兰．2016. 湾区经济表征及其开放机理发凡［J］. 改革，（9）：88－96.
曼昆．2012. 经济学原理［M］. 北京大学出版社．
毛其淋，盛斌．2012. 对外经济开放、区域市场整合与全要素生产率［J］. 经济学（季刊），11（1）：181－210.
任红梅，岳宏志．2015. 马克思供给需求理论：一个文献综述［J］. 西安财经学院学报，28（3）：101－106.
任志成，张二震，吕凯波．2014. 贸易开放、财政分权与国内市场分割［J］. 经济学动态，（12）：44－52.
单东方．2020. 经济政策不确定性对 FDI 影响研究［J］. 经济问题，（3）：42－49.
申明浩．2017. 粤港澳大湾区发展研究［J］. 城市观察，（6）：5－6.
申勇，马忠新．2017. 构筑湾区经济引领的对外开放新格局——基于粤港澳大湾区开放度的实证分析［J］. 上海行政学院学报，18（1）：83－91.
沈坤荣，耿强．2001. 外国直接投资、技术外溢与内生经济增长——中国数据的计量检验与实证分析［J］. 中国社会科学，（5）：82－93，206.
沈立人，戴园晨．1990. 我国"诸侯经济"的形成及其弊端和根源［J］. 经济研究，（3）：12－19，67.
盛斌，毛其淋．2011. 贸易开放、国内市场一体化与中国省际经济增长：1985—2008 年［J］. 世界经济，（11）：44－66.

石大千，丁海，卫平，等. 2018. 智慧城市建设能否降低环境污染［J］. 中国工业经济，(6)：117－135.

苏梽芳，胡日东. 2008. 中国FDI区域分布决定因素的动态演变与地理溢出程度——基于空间面板数据的实证研究［J］. 经济地理，(1)：16－20.

孙洋. 2009. 产业发展战略与空间收敛：长三角、珠三角和环渤海区域增长的比较研究［J］. 南开经济研究，(1)：46－60.

孙志新. 1990. 发展全国统一市场的重大步骤和尝试 关于建立华南区域市场的初步论证［J］. 管理世界，(3)：128－135.

覃剑. 2013. 大珠三角城市群金融等级体系分析［J］. 产经评论，4 (3)：117－128.

王保林. 2008. 珠三角地区产业结构改造、升级与区域经济发展——对东莞市产业结构升级的新思考［J］. 管理世界，(5)：172－173.

王春晖，赵伟. 2014. 集聚外部性与地区产业升级：一个区域开放视角的理论模型［J］. 国际贸易问题，(4)：67－77.

王静田. 2017. 国际湾区经验对粤港澳大湾区建设的启示［J］. 经济师，(11)：16－18，20.

王贤彬，黄亮雄，徐现祥，等. 2017. 中国地区经济差距动态趋势重估——基于卫星灯光数据的考察［J］. 经济学（季刊），16 (3)：877－896.

卫兴华. 澄清供给侧结构性改革的几个认识误区（人民要论）［N］. 人民日报，2016－04－26.

魏守华，李婷，汤丹宁. 2013. 双重集聚外部性与中国城市群经济发展［J］. 经济管理，35 (9)：30－40.

魏下海. 2010. 人力资本、空间溢出与省际全要素生产率增长——基于三种空间权重测度的实证检验［J］. 财经研究，36 (12)：94－104.

吴福象，刘志彪 . 2008. 城市化群落驱动经济增长的机制研究——来自长三角 16 个城市的经验证据［J］. 经济研究，43（11）：126 – 136.

吴敬琏 . 2016. 供给侧改革的根本是改革［J］. 中国改革，3（3）：26 – 28.

吴唐生 . 2014. 以自贸区为平台加强粤港澳金融合作［J］. 广东经济，（2）：44 – 47.

伍凤兰，陶一桃，申勇 . 2015. 湾区经济演进的动力机制研究——国际案例与启示［J］. 科技进步与对策，32（23）：31 – 35.

谢康，肖静华，周先波，等 . 2012. 中国工业化与信息化融合质量：理论与实证［J］. 经济研究，（1）：4 – 16，30.

邢伟波，李善同 . 2009. 本地偏好、边界效应与市场一体化——基于中国地区间增值税流动数据的实证研究［J］. 经济学，8（3）：1455 – 1474.

徐康宁，陈丰龙，刘修岩 . 2015. 中国经济增长的真实性：基于全球夜间灯光数据的检验［J］. 经济研究，50（9）：17 – 29，57.

徐现祥，李郇，王美今 . 2007. 区域一体化、经济增长与政治晋升［J］. 经济学，（4）：1075 – 1096.

徐现祥，李郇 . 2005. 市场一体化与区域协调发展［J］. 经济研究，40（12）：57 – 67.

许海 . 2001. 欧盟生产要素市场一体化的构架演进与效果分析［J］. 当代财经，（7）：29 – 33.

杨伟民 . 1997. 对我国欠发达地区的界定及其特征分析［J］. 宏观经济研究，（4）：52 – 56.

杨英 . 2014. 基于市场路径的粤港澳区域经济一体化研究［J］. 华南师范大学学报（社会科学版），（5）：101 – 107，163.

于刃刚，戴宏伟 . 1999. 生产要素流动与区域经济一体化的形成及启示［J］. 世界经济，（6）：48 – 51.

余泳泽，刘大勇．2013. 我国区域创新效率的空间外溢效应与价值链外溢效应——创新价值链视角下的多维空间面板模型研究［J］．管理世界，（7）：6－20，70，187.

袁晓玲，李勇．2015. 城市群能否提高城市全要素能源效率——以中国十大城市群为例［J］．科技进步与对策，32（20）：38－43.

张海冰．2003. 欧洲一体化历程对东亚经济一体化的启示［J］．世界经济研究，（4）：75－80.

张浩然，衣保中．2012. 基础设施、空间溢出与区域全要素生产率——基于中国266个城市空间面板杜宾模型的经验研究［J］．经济学家，（2）：61－67.

张军，吴桂英，张吉鹏．2004. 中国省际物质资本存量估算：1952—2000［J］．经济研究，39（10）：35－44.

张磊．2018. 粤港澳大湾区建设的机遇和挑战［J］．时代金融，（17）：96，103.

张鹏．供给侧结构性改革的“三四五”［N］．京华时报，2016－05－23.

张日新，谷卓桐．2017. 粤港澳大湾区的来龙去脉与下一步［J］．改革，279（5）：64－73.

张为付，吴进红．2004. 商品贸易、要素流动与贸易投资一体化［J］．国际贸易问题，（5）：93－95.

张晓群．2007. 粤港经济合作存在的问题及对策研究［J］．经济与社会发展，（6）：79－81.

张旭鹏．2004. 文化认同理论与欧洲一体化［J］．欧洲研究，22（4）：66－77.

张学良，李培鑫，李丽霞．2017. 政府合作、市场整合与城市群经济绩效——基于长三角城市经济协调会的实证检验［J］．经济学，16（4）：1564－1567.

张业亮．2016. 英国脱欧：欧洲一体化进程的一次重挫［J］．唯实，(10)：86-90.

赵怀普. 1999. 战后美国对欧洲一体化政策论析［J］. 美国研究，(2)：7-30.

赵奇伟，熊性美. 2009. 中国三大市场分割程度的比较分析：时间走势与区域差异［J］. 世界经济，(6)：41-53.

郑新业，王晗，赵益卓. 2011. “省直管县”能促进经济增长吗？——双重差分方法［J］. 管理世界，(8)：34-44.

郑毓盛，李崇高. 2003. 中国地方分割的效率损失［J］. 中国社会科学，(1)：64-72.

周黎安. 2004. 晋升博弈中政府官员的激励与合作——兼论我国地方保护主义和重复建设问题长期存在的原因［J］. 经济研究，(6)：33-40.

周密，刘秉镰. 2017. 供给侧结构性改革为什么是必由之路？——中国式产能过剩的经济学解释［J］. 经济研究，52 (2)：67-81.

朱仁显，唐哲文. 2002. 欧盟决策机制与欧洲一体化［J］. 厦门大学学报（哲学社会科学版），(6)：81-88.

ANDRABI T, KUEHLWEIN M. 2010. Railways and price convergence in British India [J]. The Journal of Economic History, 70 (2): 351-377.

BOIX R, TRULLÉN J. 2007. Knowledge, networks of cities and growth in regional urban systems [J]. Papers in Regional Science, 86 (4): 551-574.

BOLDRIN M, CANOVA F. 2001. Inequality and convergence in Europe's regions: Reconsidering European regional policies [J]. Economic Policy, 16 (32): 206-253.

BURGER M J, MEIJERS E J. 2016. Agglomerations and the rise of urban network externalities [J]. Papers in Regional Science, 95 (1): 5-15.

CASELLI F, COLEMAN II W J. 2001. The US structural transformation and regional convergence: A reinterpretation [J]. Journal of Political Economy, 109 (3): 584 -616.

COWAN R, JONARD N, ZIMMERMANN J B. 2007. Bilateral collaboration and the emergence of innovation networks [J]. Management Science, 53 (7): 1051 -1067.

DAHLMAN C. 2004. Turkey's accession to the European Union: The geopolitics of enlargement [J]. Eurasian Geography and Economics, 45 (8): 553 -574.

DURANTON G, PUGA D. 2004. Micro - foundations of urban agglomeration economies [M] //Handbook of regional and urban economics. Elsevier, 4: 2063 -2117.

ELHORST J P. 2010. Applied spatial econometrics: Raising the bar [J]. Spatial Economic Gnalysis, 5 (1): 9 -28.

FARE R, GROSSKOPF S, NORRIS M. 1997. Productivity Growth, Technical Progress and Efficiency Change in Industrialized Countries: Reply [J]. American Economic Review, 87 (5): 1040 -1044.

FERRÃO J, JENSEN - BUTLER C. 1984. The centre - periphery model and industrial development in Portugal [J]. Environment and Planning D: Society and Space, 2 (4): 375 -402.

GALIK C S, JAGGER P. 2015. Bundles, Duties, and Rights: A Revised Framework for Analysis of Natural Resource Property Rights Regimes [J]. Land Economics, University of Wisconsin Press, 91 (1): 76 -90.

GLAESER E L, KALLAL H D, SCHEINKMAN J A, et al. 1992. Growth in cities [J]. Journal of Political Economy, 100 (6): 1126 -1152.

HECKMAN J J, ICHIMURA H, TODD P. 1998. Matching as an econometric evaluation estimator [J]. The Review of Economic Studies, 65 (2): 261 -294.

HODLER R, RASCHKY P A. 2014. Regional favoritism [J]. The Quarterly Journal of Economics, 129 (2): 995 -1033.

KELEJIAN H H, PRUCHA I R. 1998. A generalized spatial two -stage least squares procedure for estimating a spatial autoregressive model with autoregressive disturbances [J]. The Journal of Real Estate Finance and Economics, 17 (1): 99 -121.

KRUGMAN, P. 1991. Increasing Returns and Economic Geography [J]. Journal of Political Economy, 99: 483 - 499.

LESAGE J, PACE R K. 2009. Introduction to spatial econometrics [M]. Chapman and Hall/CRC.

LIU Z, HE C, ZHANG Q, et al. 2012. Extracting the dynamics of urban expansion in China using DMSP - OLS nighttime light data from 1992 to 2008 [J]. Landscape and Urban Planning, 106 (1): 62 -72.

MARSHALL A. 1890. Principles of Economics [M]. United Kingdom: Prometheus Books.

NAUGHTON B. 2003. How much can regional integration do to unify China's markets? [J]. How Far Across the River, 204 -232.

PARK A, JIN H, ROZELLE S, et al. 2002. Market emergence and transition: arbitrage, transaction costs, and autarky in China's grain markets [J]. American Journal of Agricultural Economics, 84 (1): 67 -82.

PARR J B. 2002. Agglomeration Economies: Ambiguities and Confusions [J]. Environment and Planning A, 34 (4): 717 -731.

PARSLEY D C, WEI S J. 2001. Explaining the border effect: The role of exchange rate variability, shipping costs, and geography [J]. Journal of International Economics, 55 (1): 87 - 105.

PHELPS N A, OZAWA T. 2003. Contrasts in agglomeration: Proto - industrial, industrial and postindustrial forms compared [J]. Progress in Human Geography, 27 (5): 583 - 604.

PONCET S. 2003. Domestic market fragmentation and economic growth in China [C]. European Regional Science Association.

PONCET S. 2005. A fragmented China: Measure and determinants of Chinese domestic market disintegration [J]. Review of International Economics, 13 (3): 409 - 430.

RAMOS R. 2005. Advances in Spatial Econometrics. Methodology, Tools and Applications [J]. Investigaciones Regionales, 45 (6): 866 - 870.

SUTTON P C, COSTANZA R. 2002. Global estimates of market and non - market values derived from night time satellite imagery, land cover, and ecosystem service valuation [J]. Ecological Economics, 41 (3): 509 - 527.

VEGA S H, ELHORST J P. 2015. The SLX Model [J]. Journal of Regional Science, 55 (03): 339 - 363.

VOLBERDING P. 2011. Engaging Regions in Globalization: The Rise of the Economic Relationship between the San Francisco Bay Area and China [J]. Berkeley Undergraduate Journal, 23 (2): 1 - 32.

XHENETIL M, SMALLBONE D, WELTER F. 2012. EU enlargement effects on cross - border informal entrepreneurial activities [J]. European Urban and Regional Studies, 20 (3): 314 - 328.

XU X. 2002. Have the Chinese provinces become integrated under reform? [J]. China Economic Review, 13 (2-3): 116-133.
YOUNG A. 2000. The razor's edge: Distortions and incremental reform in the People's Republic of China [J]. The Quarterly Journal of Economics, 115 (4): 1091-1135.